中国共产党诞生地
出版工程

杨殷画传

龙华英烈画传系列丛书

中共上海市委党史研究室　龙华烈士纪念馆　编

左大鹏　柏婷　著

上海人民出版社

出版说明

　　2021 年是中国共产党成立 100 周年，为回望早期中国共产党人"革命理想高于天"的信仰力量、艰苦卓绝的开拓斗争、舍生取义的无畏牺牲，从中汲取继续奋进的强大精神力量，由中共上海市委宣传部组织，中共上海市委党史研究室、龙华烈士纪念馆编写龙华英烈画传系列丛书，致敬为真理上下求索、为信仰奋斗牺牲的革命先驱们。

　　上海市龙华烈士陵园（龙华烈士纪念馆）是国民革命、土地革命时期著名英烈人物最为集中的纪念地。在新中国成立前中国共产党产生了 171 位中央委员，其中有 42 人牺牲，在龙华牺牲了 7 位，占六分之一；首届中共中央监察委员 10 人中有 8 人牺牲，在龙华牺牲了 4 位，占二分之一；其他曾在龙华被押过的革命者更是数以千计。丛书首批选取 11 位英烈，按照其生平脉络，选取若干重要历史事件，配以反映历史背景、切合主题内容、延伸相关阅读的丰富历史图片，以图文并茂的方式叙写龙华英烈们在风雨如晦中筚路蓝缕的艰难寻路、为中国革命披肝沥胆的无畏与牺牲，彰显早期中国共产党人实现救国、救民的初心。

丛书所收录的图片和史料多源自各兄弟省市党史研究室、纪念场馆，以及中共上海市委党史研究室、龙华烈士纪念馆等机构的公开出版物及展陈，或源自英烈后代的珍藏。基本采用历史事件发生时期的老照片，但由于年代久远且条件有限，部分无法直接利用的老照片，或进行必要修复，或通过对现存史料进行考证后重新拍摄。

丛书反映内容跨度长、涉及面广、信息量大且年代久远，编写人员虽竭尽全力，但不足和疏漏之处在所难免，敬请广大读者批评指正。

目录

一

「杨翰香堂」少东家

YANG YIN

走进香山

1892 年，中国农历壬辰龙年。

对于中国广东省香山县翠亨村 36 岁的秀才杨汉川来说，这是幸福的一年。作为村里少数的饱学之士，他很欣慰地看到自己曾经指导过的后辈——同村孙家的老三孙文以优异的成绩从医学院毕业，取得医师资格，从此悬壶济世，造福百姓；作为杨家的长子，结婚十余年后，发妻谭氏终于在今年仲夏为他生下一个健康的男婴。家族的香火得以延续，这么多年一直萦绕心头的"不孝有三，无后为大"的烦恼终于烟消云散。

杨殷

跟天下所有的父亲一样，杨殷川对这个孩子百般疼爱，寄予厚望。按照家族"乐"字辈排序，他给这个孩子起字为"典乐"（杨殷出生后，已由祖父起名为观恩）。中国人向来重视给新生儿起名这件事，很多人恨不得翻遍经史子集，只为给孩子取一个读音响亮、寓意吉祥的好名字。杨殷川饱读诗书，凭着过硬的知识储备，在按家谱给儿子取好字之后，他又给儿子取号为"命夔"。中国人的"号"不用受到家族辈分的限制，所以能够更好地反映个人的志向。杨殷川给儿子取号"命夔"，饱含对儿子的期许。根据典籍记载，上古时代，舜帝身边有两位名臣，夔为乐官，龙

杨殷父亲——杨汉川

杨殷母亲——谭氏

为谏官，后来夔、龙都喻指辅助皇帝的贤臣。杨汉川给儿子取号为"命夔"，就是希望儿子将来能够饱读诗书、仕途通达，命运能够像夔一样，成为辅佐至尊天子的贤臣。

这个在杨家族谱上名观恩、字典乐、号命夔的孩子，就是杨殷。后来成为中国共产党早期重要领导人之一，坚定的无产阶级革命家、著名的工人运动领袖、党的早期军事工作的重要领导者和情报保卫工作的重要开拓者之一，中共六大后担任中央政治局候补常委、常委，中央军事部部长。

1892年，沉浸在幸福中的杨汉川无论如何都没有想到：学医的孙文仅在一年后就抛弃了"医人生涯"，进行"医国事业"，走上了如秦末陈胜、吴广一样的"造反"之路；尚在襁褓的爱子长大后，确实成了一个有用之才，但却不是走进皇城成为天子重臣，而是凭借着一身文武艺，跟随孙文，投入了推翻帝制的革命洪流中，后又加入中国共产党，为了国家的富强和民族的独立，散尽家财，牺牲性命。

孙中山，中国民主革命的伟大先驱，是国共两党都尊敬的革命先行者；杨殷，2009年被评为100位为新中国成立作出突出贡献的英雄模范之一。他们是国家的骄傲、香山的荣耀！然而，当我们回望那段历史，探寻英雄们的成长轨迹以自省时，会发现英雄的诞生绝不是偶然。

青年孙中山

　　清末民初，广东省香山县涌现出了许多著名人物，除了孙中山和杨殷，还有思想先驱郑观应、刘师复，中国近代留学生之父容闳，小刀会起义军领袖刘丽川，晚清外交家郑藻如，民国海军总长程璧光，民国第一任内阁总理唐绍仪，中共早期工运领袖苏兆征，第一届中华全国总工会委员长林伟民，华南地区传播马克思主义的先驱杨匏安，中国空军之父张仙逸，中国百货业巨头、创办永安等四大百货公司的郭乐、郭标、马应彪、蔡昌、李敏周，中国第一位女飞行员朱慕飞，清华大学首任校长唐国安，文化巨匠王云五，现代音乐教育开创者萧友梅，影星阮玲玉、胡蝶，上海市市长吴铁城……这些名人涵盖了政治、经济、文化、教育、航空航天、艺术

郑观应　　　　　　　　　　　容闳

等多个领域，可以说，人数之多，影响之大，令人浩叹！

香山，这片不过数十平方公里的岭南边陲小县，为什么会在清末民初绽放出如此耀眼的光芒？或许我们可以尝试从地理和历史角度加以分析。

香山（区别于北京香山），一个富有诗意的名字，初次听到它时，相信很多人的脑海里会浮现出漫山遍野的鲜花景象。不错，根据《太平寰宇记》记载："地多神仙花卉，故曰香山。"清朝道光年间编纂的《香山县志》也记载："五桂山多奇花异草，故曰香山。"由此可见，香山是因为其境内的大山中长满奇花异卉，四野飘香而得名。

然而根据记载，香山原先只是海内的一个孤岛，宋代设县，明朝时才和大陆连成一片，是一座突出于珠江口、伶仃洋之中的半岛。在民国以前，香山隶属于广州府，土地稀缺，粮食不足，经济发展等各方面条件不仅无法与广州比肩，跟其余的南海县、番禺县、顺德县、花县等相比也是处于劣势。总之，在传统的农耕时代，香山的地既不灵，香山的人也不杰。

19 世纪末 20 世纪初，这个地处岭南边陲的小县之所以能在中华大地上声名鹊起，背后有着更深层次的原因：

第一，香山有着移民城市的开放包容特性。自古以来，岭南因远离中原，一直被统治者视为蛮荒之地，人烟稀少，民众多为逃避战乱至此。远离政治中心，受到传统礼教的束缚就越少；居民来自四面八方，为了能更好地共同生活下去，就必须会包容。因此，香山作为移民城市的一个重要特征就是开放宽容，更易接受新事物，这个特点，让香山具有了强大的生命力。这条道理，自古皆然。

第二，香山三面环海，交通便利，因此受西方思想影响较早。一方面，是西方思想"走进来"。16 世纪，葡萄牙人借口修船占据澳门，从此葡萄牙人在此安营扎寨，新的生活习惯、新的思想犹如一阵阵清风徐徐吹来，澳门逐渐成为新思想传播的前沿

翠亨村

阵地。澳门原属香山，两地人员往来交流频繁，因此，本就宽容开放、兼收并蓄的香山人，也逐渐开始接受西洋文化的熏陶，而这种熏陶更是早于内陆其他省份。另一方面，是香山人的"走出去"。贫穷激励着一代代香山人向海洋进发，到海外开疆拓土。古人说："穷则变，变则通，通则久。"香山土地贫瘠，靠种地根本无法解决温饱，唯一的办法就是在土地之外另寻出路。当他们把在外的所见所闻通过书信或者亲自诉说的方式在家乡传播，一定会对传统的思想产生冲击，一代一代，潜移默化。于是，民主和自由思想在岭南的这个小县城逐渐生根！

杨殷的故乡翠亨村，位于香山县城东南方约 17 公里处，北距广州市中心约 100 公里，南距澳门约 30 公里。翠亨村三面环山，东面朝向珠江口的伶仃洋，村中有一条兰溪蜿蜒流过，溪水清澈见底。夏秋两季，凉爽的海风从伶仃洋吹来。这个滨海的小村庄，环境优美，气候宜人。

很少有人会将"翠""亨"二字组合在一起，"翠亨"这一名称的真实来源已无法考证。相传，清朝康熙年间，蔡姓族人在此建村时，因为地处小坑边，就随口取名为"蔡坑"，在广东话中，"蔡"与"翠"谐音，"坑"与"亨"谐音，口口相传，让人误以为是"翠亨"，因此，将错就错，"翠亨"的名字就流传下来，沿用至今。细细想来，"翠亨"一词其实寓意吉祥，"翠"代表绿色，生机盎然，"亨"字形容顺利通达，如人们常说"官运亨通""财运亨通"等，因此，虽然原本的"蔡坑"阴差阳错被叫成"翠亨"，但"翠亨"一词暗含"有生机，万事亨通"之意，这在注重讨口彩的中国人眼里，着实是个好名字。

出生望族

在翠亨村中，杨家是数一数二的富户，用今天的话说，杨殷就是一个含着金钥匙出生的阔少爷。

杨殷祖父

杨殷祖母

杨家的发迹要感谢杨殿的祖父——杨启文。

杨启文出生于 1825 年，即清道光五年，出生在一个王朝的没落期，对杨启文来说实在不是件好事，因为王朝的末期一般都不太平，普通老百姓要面临更大的生活压力，事实也的确如此。道光皇帝旻宁，这位清朝唯一以嫡长子身份继承皇位的皇帝，自幼养于深宫，茫然不知世界大事，虽勤于政务、厉行节俭，但资质平庸，回天无力，封建王朝的兴衰规律如同魔咒一样悄然笼罩着这个曾经横扫天下的骁勇王朝。与江河日下的大清王朝相比，西方资本主义国家在新的生产方式的推动下迅速强大起来，为了倾销商品和攫取更大的利益，他们在全球范围内加紧了侵略扩张和殖民掠夺的步伐，幅员辽阔、资源丰富而又人口众多的中国自然就成了他们垂涎的目标。经过小心试探，清政府的腐败无能逐渐暴露无遗，列强纷至沓来。在他们眼中，中国是个又土又肥的懦弱财主。1840 年，中英鸦片战争爆发，清王朝大败，被迫于 1842 年签订《南京条约》，1856 年至 1860 年第二次鸦片战争中，英法联军攻占清王朝首都北京，纵火焚烧被称为"万园之园"的圆明园，抢掠财宝无数，又通过《北京条约》《天津条约》极大扩充了在华特权，俄国也利用此战争契机，以武力威胁，强迫清政府签订中俄《瑷珲条约》《北京条约》《勘分西北界约记》，合计将约 150 万平方公里的中国领土划归俄国。

时局图

不言而喻

一目了然

洪秀全像及《天朝
田亩制度》封面

除了外患，更有内忧。屡试不中的广东花县新华镇富源水村的洪秀全在科举无望后，大病了一场，病愈后，一气之下抛开了孔孟之书，转而研究基督教，萌发了信奉上帝、追求人人平等的观念。借传教之名，他还呼吁推翻清王朝，建立"天下一家，共享太平"的新世界。经过充分的酝酿之后，1851年洪秀全发动金田起义，后定国号"太平天国"。随着太平军的西征、北讨和东进，此后十余年的时间里，战火迅速燃遍了大半个中国。

对于普通百姓来说，龙椅上坐的到底是谁，他们并不关心，只要有饭吃、有衣穿，生活无忧即可。但香山土地贫瘠，并不适合耕种，百姓的生活早已是捉襟见肘，而现在外敌入侵，内战不断，让本已贫穷的日子更是雪上加霜。在乱世中成长，杨启文已经无法留在村中安心种地，他将目光投向了海外。此时，急剧扩张地盘的资产阶级，正面临劳动力不足的问题，中国人口众多，老百姓又有吃苦耐劳的精神，自然成为招募首选。这让杨启文看到了改变自己和家族命运的机会。

虽然困难重重，但为了闯出一条活路，闽、粤、桂一带还是有不少人选择出国，赌一赌运气。于是，正如柏杨先生在《中国人史纲》中描写的那样：

华人被当做猪仔一样，被贩卖到美国甚至更远的地方去

聚集香港的中国劳工

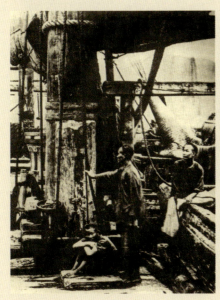

停泊香港贩运华工的帆船

新加坡华工鸽子笼式的小房间

做苦工，美国铁路至少有一半以上都挥洒着华人的血汗。在东南亚的贫苦华人，常常将自己出卖给白人做奴隶，期满之后，再用自己卖身得到的收入，经营小本生意，他们所受的剥削压迫，并不比去美国的同胞好。一位曾对东南亚相当熟悉的英国作家，曾感叹道："做一个十九世纪的华夏人，真是一种苦刑。"

对杨启文来说，不出国，全家都会饿死；出国，虽然艰险，但尚有一线生机。这是一场人生的豪赌！历经一番艰苦之后，他，赌赢了！杨启文在美国因为挖金矿而暴富，于是，带着人生的第一桶金，他荣归故里，在家乡购买田地、房屋、商铺，并在港澳地区做生意。由于经营有方，杨启文积累了大量的财富，杨家很快富甲一方。

财富的累积只是第一步，为了家族更长远的发展，杨家的第一代创业者杨启文有着更深层次的考虑——做官。

在古代中国，社会阶层按照士、农、工、商的顺序排列，商人被排在末等。在封建统治者看来，商人不参加耕种、不从事生产，依靠投机取巧、舞弊钻营获利，他们代表的是贪婪和欲望，这种风气不能鼓励，必须打压，因此商人被排在社会等级的最末一位，虽然有钱，却不受尊重，衣食住行都有严格的限制。商户之家要提升社会地位，唯一的途径是让孩子读书做官。

杨启文早年在外打拼，后又从商，人生大半时间都花费在生意场中，此时再读四书五经通过正规途径科考入仕，已无可能。因此，杨启文打算用经商所得在朝中捐官。捐官，对于朝廷和商人来说，是双赢的好事！朝廷只拿出一些虚职，即可获得大量财富，充实国库；对于商人来说，不用十年寒窗苦读，即可获得一官半职，这笔买卖实在划算！在当时的社会条件下，花银子捐的官职虽没有实权，但却能跻身官员队伍，光宗耀祖，增强家族势力，更重要的是捍卫既得利益。

捐官，能给自己和家族带来这么多的好处，做生意从来精打细算的杨启文自然不会放过。他在朝中捐职中议大夫，钦命三品职衔，福建试用同知，赏戴花翎。杨启文那一辈，杨家成员里捐官者众多。

家族财富的积累和社会地位的提升，使得杨家的子孙享受到了更好的教育机会，到了杨殷的父亲杨汉川这一辈，有不少人通过读书求得功名，杨汉川就考中了秀才，杨氏族人中更有远赴美国读书的……由此，翠亨杨氏族人在先辈提供的良好平台上更进一步，有人在清政府中任职，有人在洋行中任职，横跨政、经两界，连通中外，可谓财雄势大。

发迹后的杨家开始在村里修建住宅，"杨翰香堂"就是杨启文为长子杨汉川修建的住宅，占地面积共 244 平方米，建筑雕梁画栋，富丽堂皇，极富岭南特色。1892 年仲夏，杨殷就出生在这里。

杨殷的父亲杨汉川，自幼发奋读书，考取了秀才，是翠亨村中学识渊博之人。他性格开朗、通情达理，对子女疼爱有加。杨殷的母亲谭氏，贤良淑德，持家有道。杨殷作为长房长孙出生，又生得浓眉大眼，聪明伶俐，极得长辈疼爱。杨殷在一个开明的家庭里长大，见多识广的祖父给他讲述在美国奋斗的故事，博学的父亲给他讲述南宋名臣文天祥、禁烟大臣林则徐和香山水勇抵御英军入侵的故事，贤淑的母亲给了杨殷无微不至的关爱。

在秀丽的山川和灿烂的历史文化熏陶下，杨殷开始启蒙。

侠骨少年

杨殷虽出生富户，却没有一般富家子弟的纨绔之气，反倒拥有一颗侠义心肠。

"侠"本义是指武功高强、见义勇为的品行，后比喻凭借武艺舍己助人的人。战国时期"养士"风气的盛行，催生了中国最早一批侠士的出现，西汉著名史学家司马迁在《史记》的《刺客列传》和《游侠列传》中，描写了曹沫、专诸、豫让、聂政、荆轲、朱家等一批侠士，这时期的侠士通常为报知遇之恩而舍生取义，即"报私情、利他人"。随着历史的车轮滚滚向前，侠客们不再困于一己私情，更加注重民族大义，使侠客精神真正意义上从"报私情、利他人"向"救百姓、济天下"转变。唐代大诗人李白在他的《侠客行》中表达了对侠士的崇尚之情："十步杀一人，千里不留行。事了拂衣去，深藏身与名。"匡扶正义、有功不矜、潇洒自由，这样一种侠客精神，千百年来，备受国人推崇。

杨殷的侠义之心，一方面源自他从小的习武生涯。1899年，7岁的杨殷被送入私塾念书，同时，开始跟随拳师学习武术。练武本是辛苦事，需要冬练三九、夏练三伏，因此，有钱人家往往教育孩子在读书上下功夫，很少让他们学习武术。为什么送杨殷去习武？或许长辈们是想让他强身健体，长命百岁；又或者是想让他将来在社会上不受欺负；又或者想让他变得更强壮些，以抵御盗匪，保护家族财产。杨殷3岁时，杨家就曾遭遇盗匪袭击，母亲谭氏抱着幼小的杨殷，从后门转移才得以安全，至今，杨殷故居内的酸枝插屏上仍留有当年遭盗匪袭击的弹孔。为了习武，杨殷先后被送到相邻的山门村等地，向三合会的教头拜师学艺，杨殷也因此练就了一身好功夫、一副好体魄，再结合杨殷后来的事迹，我们不得不佩服杨家长辈的远见。据说，杨殷在广州念书时，曾在"宝芝林"学过拳法。"宝芝林"本为药店，取宝剑出鞘、芝草成林之意，掌门人黄飞鸿是清末民初著名的武术大师，他在此广收门徒、悬壶济世，医德与武德兼备，广受赞誉。杨殷在"宝芝林"习武，不仅武艺有所精进，更学到了习武之人匡扶正义、不恃强凌弱的侠士风骨。

另一方面，与他生活的翠亨村有关。古语有云：近朱者赤，近墨者黑。个人的思想和行为不可避免的会受到周围人的影响，因此才会有著名的"孟母三迁"的故事。杨殷生活的翠亨村，虽然村民人数不多，却涌现出了许多著名人物，在早期兴中会会员中，流传着"翠亨四杰"的说法，"翠亨四杰"即孙中山、陆皓东（杨殷邻居）、杨鹤龄（杨殷堂叔）、杨心如（杨殷堂兄）。四人年龄相差不大，都接受过西方思想，共同的思想基础使他们从童年的小伙伴逐渐成长为志同道合的革命同志。孙中山走上革命道路后，他们多方奔走、积极协助。1895 年 3 月，孙中山等在香港策划广州起义，但由于谋事不密，香港的英国殖民当局早已将起义的情况向清政府的两广总督告密，随即，两广总督便急调军队加强广州防卫，并派兵封锁革命机关，搜捕起义人员。本来撤离革命据点的陆皓东，突然想起还有一份革命党人的名册留下了，为了不使名册落入敌人之手，他毅然返回革命据点，销毁了名册，却不幸被捕。1895 年 11 月 7 日，时年 29 岁的陆皓东被

陆皓东　　　　　　　杨鹤龄　　　　　　　杨心如

孙中山在香港西医书院学习时，常与陈少白（左三）、尤列（左四）、杨鹤龄（左一）
聚谈反清抱负，抨击时政，被称为"四大寇"。站立者为同学关景良。

绑赴刑场，他怀着"一我可杀，继我而起者不可尽杀"的慷慨正气，壮烈牺牲。陆皓东牺牲后，家人遍寻遗骨无果，只好将他儿时脱落的两枚乳齿，裹上平时他经常穿戴的衣冠，装殓在空荡荡的棺材里面，在故乡给他修筑了一座衣冠冢。陆皓东也因此被孙中山誉为"中国有史以来为共和国革命而牺牲之第一人"。

起义失败后，孙中山经香港逃亡日本，杨心如逃往台湾，帮助建立兴中会分会，杨鹤龄潜伏港澳。杨鹤龄膝下无子，他很疼爱侄儿杨殷，从堂叔那里，小杨殷知道了孙中山所从事的革命事

陆皓东烈士坟场

业和陆皓东为革命而献身的故事。

自小习武，对习武之人的匡扶正义、锄强扶弱之心深有体会！

国家多难，左邻右舍和家中至亲抛头颅、洒热血，均为挽救民族危亡而奔忙！

这一切，都在潜移默化地影响着幼小的杨殷，促使他一步一步成长为济天下的侠骨少年。

拥有一身侠骨，却并不意味着一定要做侠士。杨殷出生富贵之家，而又天资聪颖，文武双全，他的人生之路，或许早就被长辈们安排妥当，属于他的人生应该是这样：努力学习，去外国留学，学成归国后，娶一位门当户对的妻子，随后以杨家长房长孙的身份接手家业，依靠祖辈的积累和自己的侠义之风结交的人脉，将家族生意发扬光大。天下太平时，他可以在香山做他的富贵闲人，莳花弄草，修篱烹茶，与世无争；如遇战事，他完全可以带着财产和家人避居国外，对他来说，这都是易事，也是他的人生原本该有的轨迹。他这一生，完全有机会做到名利双收、平安喜乐、顺遂无忧。

但是，杨殷没有选择这样的人生，他选择的路，充满荆棘坎坷，甚至最终让他付出了生命的代价。

中山信徒

YANG YIN

从参加同盟会到辛亥革命

1904 年，杨殷考入了香山县丰山县立中学读初中，三年后，他以优异的成绩考入香港英文书院继续就读，这所学校收费不菲，能入读的学生非富即贵。杨殷在这里读书，认识了不少上流社会的贵公子。日子如果就这么过下去，杨殷可以继续做他的阔少爷，成功拿到香港英文书院的毕业证书。但是英文书院里有很多外国人，对中国人多有歧视，杨殷无法忍受这种不平等的待遇，后来就基本不到学校去了。

看到儿子这样，杨殷的母亲谭氏甚是忧心，她想尽办法将杨殷转到广州圣心书院读书，希望儿子能够不受干扰，好好学习。杨殷也确实做到了，他勤奋学习，每次考试都名列前茅，但是学校经常向学生灌输宗教教义和崇拜帝国主义的奴化思想，让杨殷感觉十分不满。此外，杨殷虽出生富豪之家，衣食无忧，但目光所到之处，国家腐朽，百姓贫弱，这一切更让他感到揪心。列宁曾经说过：要想了解一个人有多伟大，应该先从了解那个社会有多黑暗开始。

1894 年，杨殷 2 岁。中日甲午战争爆发，洋务派苦心经营的新式海军完全溃败，清政府割地赔款，颜面扫地；孙中山上书李鸿章失败，随后，在檀香山建立中国第一个资产阶级革命团体兴中会。

1895 年，杨殷 3 岁。孙中山、陆皓东等筹划广州起义失败，

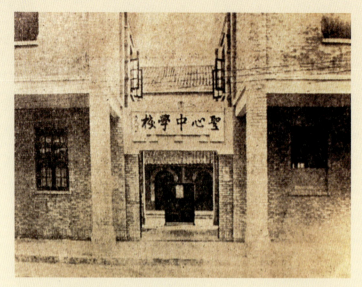

广州圣心书院旧址

杨殷（右一）与同学合影

陆皓东牺牲，孙中山等逃往日本、台湾等地。

　　1897年，杨殷5岁。德国强占胶州湾，沙俄侵略军强占旅顺。

　　1898年，杨殷6岁。6月，光绪皇帝下达"明定国是"诏书，开始维新变法，9月变法失败，谭嗣同等在北京宣武门外的菜市口英勇就义；7月，为抗议法国强行扩展租界，上海工商各界人民罢工罢市；10月，直隶、山东两省边境出现反帝爱国武装——义和团；10月至11月，为反抗法国强占广州湾，广东遂

义和团战士

八国联军侵华

《辛丑条约》签订现场

溪人民掀起武装抗法斗争。

1900年，杨殷8岁。英、美、法、德、俄、日、意、奥八国联军侵华，侵略军所到之处，烧杀抢掠，北京城尸横遍野。

1901年，杨殷9岁。清政府与德、意、奥等十一国公使签订《辛丑条约》，中国彻底沦为半殖民地半封建社会。

1904年，杨殷12岁。日本与俄国为争夺在华权益，竟在中国领土上进行战争，中国军民死伤无数。

1905年，杨殷13岁，孙中山在日本东京成立中国同盟会，确定了"驱除鞑虏，恢复中华，创立民国，平均地权"的纲领。

1907年，杨殷15岁。3月至4月，江苏、浙江、安徽、广东等省发生"抢米"风潮；5月22日，潮州黄冈起义爆发，27日即宣告失败。

黄冈起义誓师的情景

就义前的黄花岗起义志士

黄花岗七十二烈士墓

1908年，杨殷16岁。11月，光绪帝、慈禧太后先后去世。12月，赵声、朱执信等策划在广州起义，事泄流产。

1909年，杨殷17岁。10月，同盟会南方支部在香港成立，着手准备广州起义；11月至12月，孙中山在美国纽约、波士顿等地，在华侨中宣传革命，筹集款项。

1910年，杨殷18岁。2月，广州新军起义爆发，旋即失败；4月，长沙发生数万饥民起义；5月，山东莱阳数万人民发动大规模抗税斗争，湖南、湖北、江西、安徽等省相继出现抢米风潮。

从幼年到成人，伴随杨殷成长的，一方面，是战乱四起，民不聊生。各地抢米、抗捐、抗税的群众自发斗争此起彼伏，加深了他对国家未来发展的忧虑，另一方面，在广州这个革命中心，孙中山等人高举革命义旗，积极宣传资产阶级革命思想，先后创立兴中会、同盟会，发动一系列武装起义，掀起了资产阶级民主革命的高潮。

此时的杨殷已无法安坐于书桌前，外面火热而又动荡的生活强烈地吸引着他。于是，他在香港和广州读书期间，经常帮助在港澳搜集情报的堂叔杨鹤龄做些力所能及的事情，如送情报、带信件和书刊等，这份"义工"让他常常有机会接触革命党人，受这些人的影响，他的革命志向更为坚定。在堂叔和堂兄的推荐下，杨殷与孙中山的大哥孙眉也多有接触，开始协助孙眉运送武

大總統誓詞

傾覆滿洲專制政府，鞏固中華民國，圖謀民生幸福，此國民之公意，文實遵之，以忠於國，為眾服務。至專制政府既倒，國內無變亂，民國卓立於世界，為列邦公認，斯時文當解臨時大總統之職，謹以此誓於國民。

中華民國元年元旦 孫文

孙中山在南京就任中华民国临时大总统时宣读的誓词

孙中山主持中华民国临时政府第一次内阁会议

器、联络革命党人，他为人机灵，爱动脑筋，做事干练，交给他的事情都能完成，因此深得孙眉信任。

1911年初，19岁的杨殷由孙眉介绍，加入中国同盟会，实现了其追随孙中山革命的愿望。杨殷奉命往来于澳门、香港、广州等地及南洋一带做交通联络工作，为革命而奔走的杨殷，因扩大同盟会影响力的需要，积极与三合会、洪门等各路绿林好汉交朋友，鼓动和团结他们一起为革命出力。

1911年10月10日，武昌起义一声炮响，辛亥革命爆发。随后，各省纷纷宣布响应，脱离清廷控制，起义的烽火犹如烈火燎原之势，标志着革命高潮的到来。11月9日，广东省各团体代表召开大会，宣布共和独立，大街小巷纷纷鸣放爆竹庆祝。

武昌起义一个多月后，湖南、陕西、江西、山西、云南、上海、江苏、贵州、安徽等省先后宣布独立。12月2日，革命军攻占南京，12月25日，孙中山抵达上海，12月29日，独立的奉、直、豫、鲁等17省代表在南京开会，选举孙中山为临时大总统。1912年元旦，孙中山从上海抵达南京，宣誓就任中华民国临时大总统一职。这一刻，青年杨殷与革命同志们一起分享着成功的喜悦。

南京临时政府的成立，宣告了清王朝的灭亡，结束了统治中国长达两千多年的封建君主专制制度，标志着孙中山领导的资产阶级民主革命的初步胜利，是中国人民反帝反封建革命的重大胜利成果。

刺杀"宋案"帮凶郑汝成

辛亥革命的胜利和南京临时政府的成立，并没有终止国内外势力对中国最高权力的争夺，帝国主义勾结封建势力向新生的革命政权发动猛烈进攻：外交上扼杀、经济上封锁、军事上威胁，在强大的压力之下，民族资产阶级内部开始动摇，逼迫孙中山妥协退让。权衡之下，孙中山被迫让步，表示：只要清帝退位，

袁世凯

穷兵黩武的军阀

宣布共和，临时政府绝不食言，自己立刻辞职，并推荐袁世凯
继任。

　　袁世凯，字慰亭，号容庵，河南项城人，北洋军阀首领。早
年流荡失意，后投奔淮军，并随淮军开赴朝鲜，由此人生开始发
迹。1885 年由直隶总督李鸿章保举出任"驻扎朝鲜总理交涉通商
事宜"的全权代表。1894 年回国，后奏清朝廷按照西洋战法训练
新式陆军，光绪帝令其到天津小站督练新建陆军，袁世凯的羽翼
日渐丰满。由于出卖维新派、残酷镇压义和团，袁世凯获得了慈
禧太后的信任，官至直隶总督兼北洋大臣。至 1905 年，北洋军
阀武装政治集团基本成型。后袁世凯遭满族贵族猜忌，于 1909
年被罢官，但仍在暗中控制北洋军。1911 年，武昌起义爆发，大

半个中国基本上都脱离了清廷的统治，无奈之下，清廷开始启用袁世凯担任内阁总理大臣，在帝国主义的支持下，他凭武力要挟革命党人议和，逼清帝退位。

1912年2月12日，清宣统皇帝宣布退位，次日，孙中山依照承诺，辞去临时大总统职务，推举袁世凯为继任临时大总统。3月10日，袁世凯在北京就任中华民国临时大总统。

孙中山的解职，让不少革命党人感到惊讶、苦闷、迷茫，有的人痛心疾首，大骂袁世凯窃国；有的人从此隐居避世，不再过问政治；有的人远赴海外，留学、经商……在这一时期，有不少人都脱离了革命队伍。此时的杨殷，正在新加坡、吉隆坡一带活动，联络革命同志。由于他过早牺牲，没有留下任何自述或者回忆录，今天的我们已经无法得知他听到这个消息后的真实心理反应，然而，我们有理由相信，这位刚二十岁的年轻人或许也曾有过灰心与失望，但在经历过短暂的消沉之后，他依然选择坚定地站在革命的一边。亲友们劝他趁此机会留在南洋经商，他也婉言谢绝了。杨殷虽然年轻，但见事极明白，他清楚地知道像袁世凯这样一个左右逢源、首鼠两端的政客，绝对不是真心赞同民主共和，辛亥革命推翻的帝制很有可能死灰复燃，要重新受封建专制统治，是可忍孰不可忍！这个时候，如果所有人都把头埋起来当鸵鸟，那国家的前途何在？

本着"天下兴亡、匹夫有责"的强烈使命感，杨殷决定继续革命，进行新的斗争。

而袁世凯上台后的所作所为，也正如杨殷预料的那样。

内阁制是革命党人为了防止袁世凯独裁而采取的一种政治制度，但权力欲和野心极大的袁世凯，绝不愿意甘心充当一个受法律约束的总统。他以兵变威逼的手段，破坏民主政治，挣脱了革命党人"责任内阁"的限制，同时着手消灭各省的革命势力，为其专制独裁并最终实行帝制排除障碍。为了实现这一目标，他大借外债，不断扩充其反革命武装，同时，借着节省军费的幌子，大批裁撤革命军队，企图削弱革命党的势力。

通过金钱收买和血腥屠杀，袁世凯用这种"胡萝卜＋大棒"的策略逐渐为自己的称帝之路扫清障碍。此时，袁世凯面前仍有一个"障碍"——宋教仁。

宋教仁，字钝初，号渔父，湖南桃源人。1904 年与黄兴等在长沙创立华兴会，策划起义未成，流亡日本，1905 年参加发起中国同盟会，1911 年武昌起义后促成上海、江苏、浙江等地起义和筹建临时政府。1912 年初任南京临时政府法制院院长，参与南北议和；后临时政府北迁，任农林总长。1912 年 8 月，经孙中山和黄兴同意，宋教仁将同盟会与统一共和党、国民公党、国民共进会、共和实进会合并，组成国民党，在国民党成立大会上，他当

宋教仁

选为理事，随后又被孙中山委任为代理理事长。

　　1913 年，袁世凯依照《临时约法》在全国实行选举，宋教仁到处演说为国民党争取多数席位，2 月份国会两院选举结束，在总共 870 个议席中，国民党获得 392 席，占总数的 45%，毫无疑问，国民党一骑绝尘，成为国会第一大党。

　　国民党在国会选举中的重大胜利，让袁世凯坐卧不安。他的不安主要来自两个方面：第一，在内阁制下，国家元首即总统只在名义上代表国家，无任何实权。国家权力实际掌握在内阁手中，而内阁是由议会中占多数席位的政党或政党联盟的领袖及其选定的阁员组成，内阁首脑称"首相"或者"总理"，国民党已经赢得了国会选举，若无意外，宋教仁作为国民党领袖将出任国务总理。1913年1月开始，宋教仁由长沙到武汉、从九江到上海、从杭州到南京，到处发表演说，对袁世凯的阴险奸诈进行揭露，对北京临时政府的政策进行抨击。要让一个反对自己的人担任内阁总理，袁世凯感到恐惧与憋闷。第二，随着形势的变化，宋教仁认为，让袁世凯这样一个有野心的人当一个没有实权的总统是不可能的，因此，在国民党赢得大选后，宋教仁在秘密酝酿选举黎元洪为大总统，他在武昌会见黎元洪时，曾对黎元洪说："我们不能使袁世凯做我们听话的工具，我要我党党员选你当总统。"这一谋划很快就被袁世凯的密探获悉，并且在社会上广为流传。此时的宋教仁，已经握有对总统的"废立大权"。

基于以上两点原因，袁世凯对宋教仁颇为忌惮。

为了拉拢宋教仁，袁世凯派人给他送去了一张50万元的银行支票，并表示，如果不够，金额可以再加。对于袁世凯的金钱拉拢，宋教仁不为所动，将支票原封退回，继续发表演说，抨击时政，反对袁世凯专权。

收买不成，袁世凯大怒，转而想彻底铲除此政敌，铲除的手段就是暗杀！

袁世凯将暗杀行动交给了国务总理赵秉钧，赵秉钧派其心腹——内务部秘书洪述祖至上海，洪述祖到沪后，又收买了应桂馨，应桂馨亲自挑选了一个叫伍士英的兵痞为杀手，开始了暗杀宋教仁的计划。袁世凯佯称共商要政，电邀宋教仁入京，宋教仁决定乘坐 3 月 20 日晚 11 时由上海开往南京的特快专列，然后转乘津浦车北上。

天下没有不透风的墙，有人要来上海行刺宋教仁的消息满天飞，临行前，宋教仁到《民立报》报社和同仁好友告别，宋教仁的朋友、《民立报》记者徐血儿曾提醒宋教仁，途中可能会遭遇不测，请他慎重防卫。宋教仁坦然地说："无妨，吾此行统一全局，调和南北，正正堂堂，何足畏惧？国家之事情，虽有危害，仍当并力赴之。"此外，宋教仁认为，光天化日之下，不会有人敢用暗杀这种卑劣下作的手段。谦谦君子的宋教仁不会用暗杀这种手段去剪除异己，所以更不会想到别人会用暗杀的手段来对付他，在他看来，政治观点的分歧完全可以用对话谈判来解决。但是袁世凯不同，对于这样一个为了权力而不择手段的人来说，早已无底线可言。

当晚，宋教仁、黄兴、吴铁城、于右任等到达上海火车站，从议员休息室走出正准备检票上车时，原本平静的火车站响起三声急促的枪声，杀手的目标正是宋教仁，子弹从宋教仁的后背射入体内。由于前来送行的人都忙着救护宋教仁，竟让凶手开枪后顺利逃走。黄兴等立即将宋教仁送往附近的铁路医院进行抢救，当时宋教仁还比较清醒，在并不知道暗杀的主谋就是袁世凯的情况下，请黄兴代笔，发了一份电报给袁世凯，报告了自己的不幸，他希望袁世凯能够"开诚心、布公道，竭力保障民权，俾国家得确定不拔之宪法"。然而由于伤及要害，抢救无效，国民党代理理事长、"宪政之父"宋教仁于1913年3月22日晨4时许逝世，年仅31岁。

"莫使真心堕尘雾，要将热血洗乾坤"，这是宋教仁窗前的楹联，这一联，正好是宋教仁一生的写照，在他短暂的三十一年生命中，始终在为解救民族危难而奔走，为实现自由民主而呼号。宋教仁的遇刺，让中国革命事业少了一位中坚力量，也让本已纷乱的政治局势，更加晦暗不明，蒙上了阴谋和暗杀的硝烟。

暗杀发生后，袁世凯以为谋划周密，万无一失，还假惺惺发布命令，要求限期破案，抓获凶手。但所谓"天网恢恢，疏而不漏"，案发次日一个古董商向捕房提供重要线索，随后，要犯应桂馨、凶手伍士英相继被抓获，并从应桂馨的住宅搜出手枪及与洪述祖、赵秉钧的往来电文，案情水落石出。

3月27日，孙中山得知宋教仁遇刺的消息后，立即从日本长崎返回上海，当时，袁世凯的势力还不能完全控制江苏、上海一带，在孙中山和黄兴的强烈要求之下，查获的函电证据被公之于众，舆论一片哗然，民心激愤。上海的国民党人要求立即组织特别法庭审理此案，刺杀宋教仁的凶徒们得到了应有的下场。

宋教仁逝世后，孙中山万分悲痛，随即发动"二次革命"。杨殷坚定地追随孙中山，积极投身于反袁斗争中，他奔走于沪、粤、港、澳之间，联络革命党人，揭发袁世凯卖国求荣、妄图复辟帝制的阴谋。同时，杨殷十分钦佩宋教仁的为人，一直想找个机会为他报仇。

1914 年，杨殷在苏州、杭州、上海一带联络革命同志时，与上海会党的许凤山有密切联系，他从许凤山处得知袁世凯派到上海的心腹——上海镇守史郑汝成也参与了刺杀宋教仁的行动，便想效法古代侠士，刺杀郑汝成，替宋教仁报仇！他先秘密侦查郑汝成的行踪，摸清了郑汝成有喜欢一个人骑着高头大马招摇过市的习惯，而且他行走的路线基本固定，有下手的时机。查摸清楚情况后，杨殷着手准备刺杀行动。他从许凤山那里拿到了枪支和弹药，随后，将炸弹揣在怀里，扮作路人模样，在郑汝成经过的道路附近转悠，等待郑汝成的到来。功夫不负有心人，经过几天的等待，郑汝成果然露面了，看到郑汝成骑在马上趾高气扬的样子，在马路旁等候多时的杨殷强压心中的怒火，猛地从怀里抽出炸弹扔向郑汝成。随着"轰"的一声巨响，马匹受惊，突然狂奔，把郑汝成从马背上掀了下来，郑汝成落马受伤，狼狈不堪。突然传来的爆炸声让平静的街道顿时陷入了混乱，路人四处奔走，杨殷趁机迅速闪进了一家理发店，若无其事地坐在理发椅子上，让理发师为其剪头发，巧妙地躲开了军警的搜捕和追查。郑汝成此次虽侥幸躲过一劫，但他独霸一方，双手沾满革命志士的鲜血，已经成为革命党人在东南地区最凶恶的敌人，1915 年 11 月 10 日，在上海外白渡桥，郑汝成被陈其美派遣的王晓峰、王明山暗杀身死。上天，终究是公平的，暗杀革命党人的凶徒得到了应有的下场。

杨殷的行动给革命党人出了一口恶气，受到大家的高度称赞，从此杨殷在革命党人中名声大噪。

孙中山侍卫副官

刺杀宋教仁，只是袁世凯为争取独裁而采取的扫除障碍的手段之一，接下来，袁世凯将目光锁定在了孙中山离任前制定的《中华民国临时约法》（以下简称"旧约"）上，袁世凯对旧约中限制总统权力的种种规定十分不满，多次提出要求修改，1914 年 5 月 1 日，袁世凯公布了由他亲自审定的《中华民国约法》（以下

袁世凯在天坛祭天

简称"新约"),"新约"的主要内容为取消内阁制,实行总统制。大总统为国家元首,掌握国家一切权力。随后,袁世凯控制的参政院提出了一个新的《大总统选举法》规定:大总统任期十年,连选连任无限制,并且新总统候选人由现任总统提名。这样,不仅袁世凯自己成了独揽大权的终身总统,还可以将总统之位传给子孙后代。至此袁世凯终于完成了其独裁统治的法律程序,孙中山等建立的"中华民国"只剩下一副空壳。

此后,袁世凯强奸民意,黄袍加身,登上了皇帝的宝座。

袁世凯的倒行逆施，激起了全国人民的愤慨。二次革命失败后，孙中山流亡日本，总结之前内部不团结、号令不统一的教训，于1914年7月8日建立了中华革命党。孙中山在国外创办了大量的报刊，揭露袁世凯的独裁统治，在进行文字宣传的同时，孙中山还不断发动武力斗争，从1914年开始，各省先后爆发了一系列革命党人领导的暗杀事件和武装起义，如广东、上海、山东、湖北、福建等地都爆发了中华革命党领导的起义，蔡锷在云南也组织领导了大规模的武装讨袁起义。1915年12月25日，一场由中华革命党和西南军阀等联合发动的护国战争爆发。1916年元旦，正当袁世凯改元为"洪宪"、改总统府为新华宫、接受百官朝贺的时候，护国军在云南的校场誓师，一场粉碎袁世凯复辟的护国战争正式爆发。

不识历史潮流大势者，终会被时代所抛弃，1916年6月6日，复辟帝制的袁世凯，在全国人民的唾骂声中忧惧而死。

袁世凯死后，留下了巨大的权力真空，北洋军阀内部核心人物徐世昌、冯国璋、段祺瑞都想争夺总统之位，体会站在万人之上、无人之巅的快感，经过无数说不清道不明的磋商与妥协，大总统由南方军人黎元洪继任，冯国璋为副总统，但实权为国务总理兼陆军总长段祺瑞把持。

虽然黎元洪继任总统，各方均无异议，但在法理根据上却产

蔡锷

生了分歧，南方军务院认为是根据 1912 年"旧约"和 1913 年公布的《大总统选举法》继任的，但北京政府却认为是根据 1914 年袁世凯制定的"新约"和《修正大总统选举法》之规定"代行总统职权"的。南北双方展开了新旧约法之争，由此拉开了护法运动的序幕。

1916 年至 1917 年夏，南北两方的矛盾因暂告"统一"而得到缓和，但北京政府内部的矛盾又开始尖锐起来，段祺瑞在日本帝国主义的支持下急于在中国建立独裁统治，黎元洪在英美帝国主义的支持下同皖系抗争，黎、段矛盾逐渐白热化，黎元洪在段派的压力下内外交困，只好同意由张勋作为"调人"，并明令张勋入京"共商国是"。

张勋不是北洋派的嫡系，也不是袁世凯帝制的忠实支持者，他的梦想是复辟清室，拥戴逊帝溥仪登基。1917年6月7日，张勋带着5000余人由徐州启程赴京，到达天津时，即向黎元洪提出了调停的条件：限其三天之内解散国会，否则不负调停责任。迫于张勋的武力威胁，黎元洪答应了他的条件，解散国会。7月1日凌晨，张勋身穿朝服，率文武官员进入皇宫，将13岁的溥仪重新捧上皇帝宝座，上演了一场复辟闹剧。

张勋的复辟，立即遭到全国各族人民的强烈反对，孙中山认为，国会和约法是民国的象征，对张勋废弃约法、解散国会、拥清复辟的行为极为愤慨。

1917年7月6日，孙中山和廖仲恺、朱执信、何香凝、章太炎等，乘"海琛号"军舰自沪南下，准备在广州筹划武力讨张，但张勋复辟很快失败，段祺瑞趁机控制了北京中央政权，拒绝恢复1912年制定的"旧约"和召开国会。孙中山坚持民主革命的立场，对段祺瑞的专制统治进行坚决斗争，他指出："一定要除尽假共和，才有真共和出现"，毅然举起"护法"的旗帜！

7月17日，孙中山到达广州，号召各界人士同心合力，奋起护法。海军首先响应，7月21日，北京海军总长程璧光和海军第一舰队司令林葆怿联名通电，拥护孙中山等制定的《中华民国临时约法》、恢复国会，并率海军第一舰队巡洋舰三艘及炮舰六艘、辅助舰四艘，由吴淞口开赴广东，同行者有唐绍仪、汪精卫等。当时盘踞两广的桂系军阀陆荣廷和称霸云南的滇系军阀唐继尧，为巩固和扩大自己的地盘，也都想利用孙中山的威望与段祺瑞抗衡，因此，桂系和滇系军阀均表示支持孙中山，广东成为护法运动的根据地。

1917 年 9 月，在桂系、滇系军阀势力的拥戴下，孙中山在广州建立了中华民国护法军政府，并当选为中华民国陆海军大元帅。在这个重要时刻，孙中山特聘杨殷在大元帅府参军处任副官兼其侍卫副官。

侍卫副官贴身跟随领导人，担负着侍从、警卫、秘书、参谋多项任务，有时甚至能参与到领导人的家事之中，是领导人身边不可或缺的重要角色，往往非亲信之人不能担任。

革命军中藏龙卧虎，不乏资历深厚、武艺高强之人，孙中山为何选中杨殷任其侍卫副官？而杨殷当时年仅 25 岁。

孙中山选中杨殷，可能基于以下两点考虑：

第一，杨殷的出身。孙、杨两家，不仅是邻居，更是姻亲，两家来往密切。翠亨杨氏是中山市南朗镇崖口杨氏的分支，孙中山的母亲杨太夫人系崖口杨氏，因此孙中山家与杨氏有姻亲关

系。孙中山的舅父杨文纳带着孙中山的大哥孙眉赴檀香山谋生，孙眉才得以在檀香山经营致富，孙家也才能由此从贫苦农家转为富裕华侨。孙中山的姐姐孙妙茜也嫁给了崖口杨紫辉，所以，孙杨两家的关系十分密切。孙中山早年上书李鸿章时，文章内容曾请杨殷的父亲杨汉川润色过。孙中山在澳门筹款开设中西药店时，是杨殷的族叔杨鹤龄让自己的妹夫吴节薇替孙中山担保，孙的药店才能顺利开业。孙中山走上革命道路后，杨殷的族叔杨鹤

龄和堂兄杨心如均义无反顾支持孙中山革命，如将杨家开设的店铺作为革命联络的据点，为革命提供源源不断的经费支持。因此，对孙中山来说，杨家是"邻居＋姻亲＋革命战友"的铁一般的关系，绝对可以信赖。回顾历史，跟随汉高祖刘邦打天下的功臣中，如萧何、曹参、夏侯婴都是刘邦的老乡，鸿门宴上帮助刘邦的樊哙是刘邦的"老乡＋连襟"；朱元璋统一全国、建立明朝的过程中，老乡李善长、徐达、常遇春等和外甥李文忠帮他出谋划策、南征北战，立下了汗马功劳，这一群人组成的"淮西集团"是朱元璋建功立业、统一南北的核心力量。老乡见老乡，两眼泪汪汪。老乡之间，有一种天然的亲近感，老乡，就是自己人。对内，大家相互提携，互相帮助；对外，团结一致，抵御困难。老乡，是能信任的。

第二，杨殷有非常强的综合能力。老乡，应该是孙中山选人的一个充分而非必要条件，孙中山从事革命多年，阅人无数，绝不会把自己和妻子宋庆龄的性命交在一个庸才手中。杨殷之所以能进入他的视线，更重要的一个原因是能力。首先，杨殷自小习武，有良好的身体素质和高强的武艺，徒手对付三五个人不在话下，再加上，杨殷受过良好的教育，有很好的文化修养，不是一般的目不识丁的武夫，而是一个儒将，功夫、形象、气质和谈吐都符合副官的基本条件。其次，杨殷在读书期间，认识了不少上

1921年2月18日，杨殷（后排左二）参与了孙中山与翠亨同乡在广州大元帅府举行的恳亲活动并合影留念

流社会的贵公子，加入同盟会后，为了搜集情报、联络同志的需要，三教九流，杨殷都认识，可以说，杨殷是"黑白两道通吃"的大佬。根据杨殷的女儿杨爱兰回忆：杨殷交友广阔，各条道儿上都有朋友，有一次，杨殷丢了钱包，三天之内，钱包就被送了回来，杨殷的影响力可见一斑，这种极强的社会活动能力也正是孙中山所欣赏的。最后但也是最重要的一点，杨殷自加入革命队伍以来，表现非常积极，一直追随孙中山革命，孙中山被袁世凯逼迫辞去大总统职位后，许多人意志消沉，脱离了革命队伍，但杨殷始终坚持。宋教仁遇刺后，杨殷更是凭一己之力，刺杀郑汝成，为宋教仁报仇，虽然郑汝成当场并未被炸死，但是杨殷的壮举为革命党人出了一口恶气，此一役，孙中山看到了杨殷身上的血性、勇敢与机智。也可以说，孙中山在这个青年的眼睛里，看到了一束光，一种不为金钱所动而能为国家民族牺牲性命的革命之光！

因此，在关键时刻，孙中山选择了才25岁的杨殷，作为自己的侍卫副官。

而对杨殷来说，孙中山是偶像一般的存在，能够时刻跟随在偶像身边工作，是多么让人激动！

孙中山率先举起革命大旗，走上救国救民的道路，不存一己私心，自始至终为国家、为民族而奋斗，这份雄心壮志让杨殷敬佩。

中华民国成立后，为了国家统一，孙中山顾全大局，将大总统之位让于袁世凯。自古以来，权力之手，握紧容易松开难，更何况是一个国家的最高统治权。但孙中山履行了诺言，清帝宣布退位的第二天，他就宣布让位，这样的心胸和胆识无法不让人肃然起敬。

从弃医那天起，孙中山为了民主共和多方努力，虽屡战屡败，然而屡败屡战，每次失败过后，孙中山痛定思痛，总结经验教训，始终不曾放弃自己的理想。这种屡败屡战、越挫越勇的精神，也让杨殷对这位领袖倍加推崇。

接受任务后，杨殷认真履行着自己的侍卫副官职责，尽心保护孙中山和宋庆龄的安全。他忠于职守，保护孙中山、宋庆龄的出入，成功护卫他们的安全。在参军处，杨殷还多次直接向孙中山献计献策，建议发展革命军队，加强警卫力量，防止反革命的突然袭击，他的意见得到孙中山的赞许。由于他的足智多谋和保卫大元帅府的功绩，革命党人和市民群众都尊称他为大元帅府的"师爷"。

然而随着护法战争的发展，抱着各自目的参加护法的西南军阀在分别控制了湘、川两省后，不顾孙中山护法运动的宗旨，很快和直系军阀妥协，1918 年 2 月，西南军阀又和北京政府达成停战两周的协议，北洋军获得喘息之机。3 月，段祺瑞重新上台执政，立即组织北洋军大举南攻，护法军在湖南战场节节失利，孙中山的北伐计划成为泡影。

与此同时，陆荣廷、唐继尧等人又拉拢国会议员，排斥孙中山，分裂护法军政府，他们甚至采取拘杀大元帅卫队官兵、暗杀孙中山支持者——海军总长程璧光的方式，逼迫孙中山离职，护法逐渐成为空名。1918 年 5 月 21 日，孙中山乘大阪商轮"苏州丸"号离开广州，经日本前往上海，护法战争宣告失败。

在护送孙中山、宋庆龄离粤赴沪后，杨殷也愤然离开了参军处，不再担任孙中山大元帅府参军处副官兼孙中山侍卫副官。从这之后，杨殷虽然不在孙中山身边工作，但二人一直保持联系。

探索新革命道路

YANG YIN

陷入迷茫

从辛亥革命、二次革命到护国运动、护法运动，看到偶像孙中山一次次功败垂成、壮志难酬，曾经意气风发的杨殷也陷入了迷茫：革命多年，身边无数志士仁人前仆后继，毁家纾难，牺牲性命，但这个国家却似乎没有任何改变——军阀依旧混战，民众依旧贫苦，国力依旧不济，列强依旧虎视眈眈。之前的付出都值得吗？革命的道路还要不要坚持？国家怎样才会富强？自己接下来又该何去何从？……有太多的问题萦绕在杨殷的脑海里等待解答。

为了解除心中的疑惑，杨殷需要一段安静的时间，理一理这些问题，也想一想自己未来的路。1919 年初，经妻舅介绍，杨殷在广州西关盐务稽查处任高级职员（懂英语和英文稽核法规的海关官员），专职从事防止盐商走私漏税、制止各地盐务专员贪污受贿的工作，由此开启了一段"朝九晚五的高级白领生活"。

为了革命多年在外奔波，杨殷自感对家中母亲和妻儿亏欠甚多。此次"赋闲"，也给了他跟亲人相聚的机会。

杨殷的父亲杨汉川早在 1903 年就已去世，祖父杨启文也在 1909 年逝世。为祖父守孝期满后，1910 年，18 岁的杨殷奉母命迎娶了自己的新娘。广东虽然开风气之先，吸收了诸多西方思想，但是在婚姻问题上，仍然趋向保守，崇尚"父母之命，媒妁之言"。受过新思想洗礼的年轻人虽然向往自由恋爱、反对包办婚姻，但最终在各种压力下，都无奈地接受了家里的安排。杨殷的邻居孙中山，根据家里安排，在19岁时迎娶了商人卢耀显的女儿卢慕贞；杨殷的广东小老乡彭湃，早在16岁时就与长辈定好的海丰鹿境乡的蔡素屏完婚。此外，陈独秀、胡适、鲁迅、徐志摩、张恨水……无一不是如此，年轻人妥协的原因主要是两点：一是不忍心忤逆长辈，以全孝道；二是他们知道一旦退婚或者休妻，女方可能会面临死亡或者非人的遭遇，这是他们不愿意看到的。对杨殷而言，突然要迎娶一个陌生的姑娘做自己的妻子，或许曾有过犹豫与挣扎，但是在父亲和祖父相继去世后，看到母亲独自支撑这个家已十分不易，自己若再因为婚事让她伤心，那就是不孝了。因此思考再三，杨殷服从了家里安排，与李庆梅完婚。

李家与杨家可谓是门当户对。李家也是香山望族，李庆梅的父亲是侨商，几个哥哥也都事业有成，如五哥李庆楷是大学教授，七哥李庆坤是北京盐务稽核处处长，八哥李庆余是铁道工程师，李庆梅本人也受过良好的教育。过门后，李庆梅与杨殷相敬如宾，与杨家上下相处融洽。杨殷常年在外从事革命活动，不仅不能赚钱养家，还要经常从家里拿钱支援革命，对此，李庆梅毫

杨殷（后排左二）与胞弟杨熙乐（后排左一）、妻子李庆梅、女儿杨爱兰（前排右二）在兼善杨公祠前合影

民国年间编修的翠亨《杨氏家谱》中关于杨殷及其妻子、儿女的记载

无怨言。杨殷性格豪爽，结交朋友甚多，上至达官贵人、下至三教九流都有来往，对所有人，李庆梅都是彬彬有礼。李庆梅是大家闺秀，知书达理，协助杨殷母亲将家事处理得井井有条。家里有慈母和贤妻打理，从来不需要杨殷多操心。

杨殷在广州有了一份体面的工作、一份丰厚的薪水，生活安定闲适，因此，他将妻儿从香山老家接到了广州生活，住在榨粉街的一栋两层楼的房子里，这里，其实是杨殷的堂兄杨心如的房产。自1895年广州起义失败后，杨心如奉孙中山之命，潜入台湾，在台湾发展革命组织，辛亥革命期间，台湾成为革命同志活动的一个重要基地。杨心如长期在台湾生活，索性将一家老小都接到台湾居住，广州的房产一直空置，无人居住。杨殷从小与杨心如关系密切，因此，杨心如便将广州的房产交由杨殷照看。

工作顺心，身边又有亲人相伴，这段日子，也成为杨殷一生中为数不多的与家人相处的温暖时光。家，永远是一个人心灵的港湾，家人的温暖，暂时抚慰了杨殷因革命失败而迷茫压抑的心情。然而，中国向何处去的问题始终萦绕在他的心头，通过和朋友的交谈、通过各种报纸，他仍然时刻关注着国内外的动态。

此时，外面的世界，已经是另外一番风起云涌。

一是五四爱国运动的爆发。第一次世界大战以协约国（英、法、日、意等）的最终胜利而结束，战后，协约国为了巩固统治，开始重新分配殖民地和势力范围。1919年1月，各战胜国在法国巴黎的凡尔赛宫举行"和平会议"，开始"分赃"。中国政府曾参加协约国对德宣战，也属于战胜国之一，因此派出陆征祥、顾维钧、王正廷等五人为代表参加了巴黎和会，并向大会提出了收回山东主权、废除二十一条等要求。但和会在英、美、法、意、日等国的操纵下，拒绝了中国政府的请求，还决定将德国在山东的权益全部转让给日本。

北京大学示威游行的队伍向天安门进发

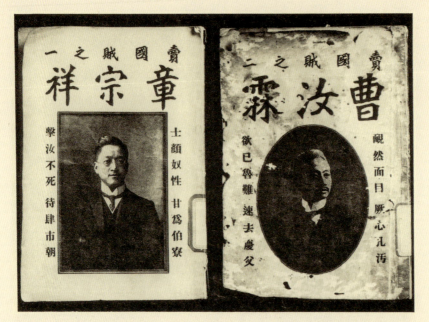

揭露北京政府亲日派官僚卖国罪行的小册子

北京高师被捕学生返回学校后，受到热烈欢迎

1919 年 11 月 8 日，广州各校学生举行抵制日货游行，被殴打拘禁在先施公司内

　　巴黎和会中国外交失败的消息传到国内，举国震惊，而北京政府却准备在和约上签字，这更激起了全国人民的愤怒。1919 年 5 月 4 日，北京大学等大专院校学生三千余人，在天安门举行集会并游行示威，他们高呼"外争国权、内除国贼""拒绝和约签字""取消二十一条""誓死争回青岛"等口号，要求惩办卖国贼曹汝霖、章宗祥、陆宗舆。北京学生的抗议活动像一声春雷响彻全国，全国各界人士都行动起来，上海、广州、南京、杭州、武汉、济南等地的爱国学生和爱国群众，纷纷举行集会游行，声援北京的学生斗争，五四爱国运动从北京迅速向全国发展。

北京青年火烧赵家楼、痛打卖国贼的消息传到广东，广东民众特别是青年学生感到极大的振奋，1919年5月7日，广州、潮州、汕头、揭阳等地的学生纷纷举行示威游行，强烈抗议帝国主义的侵略行径，声援北京学生的爱国运动，给沉寂的广东带来了春雷般的激荡。5月11日，广州国民外交后援会联合各界群众召开国民大会，与会者10万人，会场遍布"誓杀国贼""还我青岛"等标语，会后，还举行了示威游行，并向南方军政府请愿，充分表达了广东人民高度的爱国热情，随后，广东各界还掀起了"维护国货、抵制日货"的风潮。

在全国人民的强大压力下，中国代表不得不拒绝在合约上签字。至此，五四运动的直接斗争目标得以实现。

当五四运动的浪潮席卷全国时，广东正处于桂系军阀的专制统治之下。当时，桂系军阀为了加强对广东政权的控制，逼迫省长辞职，广东民众和多数议员坚决反对，广东各界民众还向军政府请愿，提出必须严厉惩处卖国贼、废除不平等条约等要求，军政府不予理睬，于是民众群情激愤，商人开始罢市，政府派大批军警上街，限令各商店一律开门营业，这激起民众更大的愤慨，随后，广州机器厂工人、电力公司工人、铁路工人、自来水厂工人等，陆续罢工，广州全城缺水断电，交通堵塞，罢课、罢工、罢市的"三罢"局面至此形成。

二是马克思主义在中国的传播。1917 年，列宁领导的俄国十月革命开创了人类历史的新纪元，为全世界殖民地和半殖民地的民族解放运动开辟了胜利的道路。十月革命取得的伟大胜利和俄国苏维埃政府宣布废除帝俄政府同外国订立的不平等条约的消息，很快传到了中国，给中国的知识分子以很大的鼓励。鸦片战争以来，中国人为救亡图存、振兴中华，把目光投向西方，人们关注的焦点都是三权分立、议会政治、多党制、君主立宪等等，第一次世界大战爆发，西方民主思想在世界范围受到挑战，同时在中国，民国初年的政治乱象，也让更多的人对西式民主感到厌恶，这时俄国在 1917 年爆发十月革命，沙皇的统治被推翻，社会主义革命在贫穷、落后的大国取得了胜利，这在中国各地引起了强烈的反响，使许多人的视线从西方转向苏俄，大家开始谈论社会主义、布尔什维主义。李大钊发表了《法俄革命之比较观》一文，接着，他又在《新青年》上连续发表了《庶民的胜利》《Bolshevism 的胜利》①等文章，向广大知识分子传播了马克思主义的革命思想。

广州，是革命的圣地，五四运动前后，广东知识界在吸收、引进外来思想、文化方面注意力有所转变，孙中山、梁启超、朱

---

① Bolshevism，即布尔什维主义。

列宁宣布苏维埃政权成立

执信、廖仲恺、胡汉民等，都曾对马克思主义学说有一些接触和了解。在马克思主义的宣传方面，广东籍的青年学生成为主力军。如留学日本的彭湃，就经常去听日本社会主义者河上肇讲课，这些留学生通过书信、文章或回国休假等机会，向人们介绍社会主义和马克思主义，宣传十月革命的道路。再如杨匏安，1919年在广州积极参加五四反帝爱国运动，在《广东中华新报》上开设专栏，系统介绍马克思主义的政治经济学原理和科学社会主义，是最早把马克思主义传播到中国的先驱之一，曾有"北李（大钊）南杨（匏安）"之说。在北京大学读书的广东籍青年谭平山、谭植棠、陈公博等，在陈独秀、李大钊等的直接教育和思想熏陶下，积极投身新文化运动和五四爱国运动，他们经常把《新青年》《每周评论》《新潮》等进步刊物寄回广东给同学、亲友，宣传介绍马克思主义，谭平山等回到广州后，先后创办了《广东群报》《劳动与妇女》等刊物，直接宣传马克思主义。

1920年底，上海共产党早期组织负责人陈独秀，应广东省省长兼粤军总司令陈炯明的邀请，到粤任广东省教育厅行政委员会委员长，临行前，陈独秀曾征询李大钊的意见，李大钊表示赞同。李认为陈独秀接受邀请去广州，既可以将新文化和社会主义思潮带到广东，又可以在广东发动成立共产主义组织，一举两得。陈独秀到粤后，为广东一些报刊撰写文章，又到各大学校去

李大钊　　　　陈独秀　　　　杨匏安

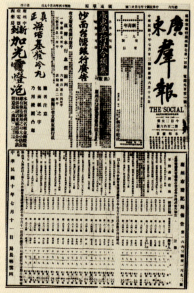

《广东群报》

《劳动与妇女》

演讲，向各界人士宣传介绍马克思主义。

经过充分的酝酿和准备，在陈独秀的主持下，1921年春"广州共产党"（后统一称为"广州共产党早期组织"）成立，先由陈独秀、后由谭平山任书记，陈公博负责组织工作，谭植棠负责宣传工作，以《广东群报》作为党的机关报。广州共产党早期组织通过开办工人补习学校、创办俄语学校等方式，积极培养革命骨干，介绍马克思主义基本原理。

一直对时局洞如观火的杨殷，此刻也一定感受到了扑面而来的新鲜气息。杨殷设法弄到了一些书籍，比如《共产主义ABC》《社会主义经济学》等，开始认真研究起马列主义。从这些书中，杨殷开始接触马列主义思想，这让他看到了新的希望。国民党内

广州共产党早期组织成立地，今素波巷30号广州市第十中学内"小红楼"

的派系斗争和辛亥革命以来国民党的历次失败，都让他意识到中国资产阶级发动的旧民主主义革命正在陷入绝境，中国也只有走十月革命的道路，才有希望。

加入中国共产党

正当杨殷闲居广州，广泛阅读马列主义书籍时，1921 年的夏天，千里之外的远东第一城市——上海，正暑热难耐。法租界私立博文女校里，陆陆续续来了九位临时寓客。因为正值暑期，学生和教员都已放假回家，临时受托做饭给这几位寓客吃的厨役也都不知道他们是什么人，这些人都不会说上海话，有的是湖南口音，有的湖北口音，还有的说北方话。

博文女校旧址

这九个临时寓客，对外称是"北京大学暑期旅行团"，其实他们的真正身份是各地共产党早期组织的代表，为了成立中国的共产党组织到上海来开会。这九个临时寓客分别是：毛泽东、何叔衡、董必武、陈潭秋、王尽美、邓恩铭、刘仁静、包惠僧、周佛海。来开会的，还有其他 4 名代表和 2 名俄国代表。

7月23日晚，代表们汇集于离博文女校不远的望志路106号李汉俊之兄李书城的住宅内。会场内的那张长方形大餐桌四周，坐满了十五个人，中国共产党第一次全国代表大会正式召开！会议开始几天都很顺利，但到了7月30日晚，会议受到法租界巡捕房密探的侵扰，已无法在上海继续举行。于是，代表们分批转移到浙江嘉兴南湖，在一艘游船上召开了最后一天的会议。党的一大通过的中国共产党纲领，确定党的名称为"中国共产党"，规定党的纲领是：革命军队必须与无产阶级一起推翻资本家阶级的政权；承认无产阶级专政，直到阶级斗争结束，即直到消灭社会的阶级区别；消灭资本家私有制，没收机器、土地、厂房和半成品等生产资料，归社会公有；联合共产国际。纲领还明确提出要把工人、农民和士兵组织起来，并确定党的根本政治目的是实行社会革命。

中国共产党第一次全国代表大会宣告中国共产党正式成立，从此，在古老落后的中国出现了完全新式的、以马克思列宁主义

中共一大会议场景（蜡像）

为行动指南、以实现社会主义和共产主义为奋斗目标的统一的无产阶级政党，这是中国历史上开天辟地的大事件。

代表广州共产党早期组织参加中共一大的是陈公博，在广州的陈独秀也指派包惠僧参加大会。大会期间，陈公博代表广州共产党早期组织向大会报告了广州共产党早期组织的成立经过及主要工作，并提出今后在发展党员、成立工会、举办工人学校等方面的计划，同时广州党组织的工作重点将放在争取农民和士兵这两大群体上。党的一大结束后，陈公博回到广州，广东党组织由谭平山主持，在宣讲员养成所召开党员大会，听取陈公博关于党的一大精神的传达，会议还邀请了一些党外先进分子参加。这次大会正式宣告：中国共产党广东支部正式成立！由谭平山任书记，陈公博负责组织工作，谭植棠负责宣传工作。此时，中共广东支部的成员，除了上文已经提到的人员之外，还有阮啸仙、林伯渠、杨匏安、张善铭、周其鉴、冯菊茹、梁复燃、郭植生、陈适曦、王寒烬、罗绮园、刘尔嵩、黄裕谦等。

1921 年 11 月，中共中央局发出通知，要求上海、北京、广州、武汉、长沙等地积极发展党员。接到中央的指示，广东支部迅速行动起来。

当广东支部正寻找合适的发展对象时，党员杨章甫、梁复燃的脑海里都想到了一个人——杨殷。

杨章甫，广东省香山县北山村（今珠海市南屏镇北山村）人，杨匏安族叔。1916 年，二人结伴东渡日本游学。在五四运动的影响和杨匏安的启迪下，接受了马克思主义，于 1922 年春加入中国共产党。

梁复燃，广东佛山人，工人出身。1920 年底起，和王寒烬受党组织委派，在广州、佛山从事工人运动。

这两位，都是杨殷的好朋友，只是由于当时斗争形势复杂，杨章甫、梁复燃都不得不隐瞒了自己的身份，因此，杨殷并不知道他的两位好友都是中共党员。

同时，此时的杨殷，也不知道自己已经被纳入中共广东支部的考察范围，仍然在为国家和民族的前途苦苦思索着。孙中山在1920年11月重返广州恢复了军政府，并于1921年5月5日宣誓就任非常大总统，这让杨殷重新看到了革命的曙光，但是他对偶像的尊重并没有影响他对国民党的整体认识。孙中山的确是位值得尊敬的革命家、政治家，可是，在国民党内部充斥着大批的军阀、官僚，这些人加入国民党，其实是打着"革命"的幌子为自己谋私利，成天争权夺利，贪污腐败，全然不顾国计民生。作为一个有理想、有抱负的青年，杨殷对这些人以及他们干的龌龊事

1920年11月28日，孙中山重返广州、改组军政府，发起第二次护法运动。图为孙中山在自沪赴粤的轮船上

深恶痛绝，因此，他苦苦求索，要寻找新的革命组织和新的革命道路。

杨章甫、梁复燃都是杨殷的好友，对于杨殷的为人、革命历史及其特殊身份都有深入的了解，有了这样一个合适的人选，自然要努力争取，于是广东党支部决定派杨、梁二人联系杨殷，并对他进行考察。

1922年夏天的一个中午，天空突然下起了瓢泼大雨，杨章甫和梁复燃正走到杨殷家附近，由于没有带雨具，二人决定就近跑到杨殷家避雨。推门入屋，两人发现，杨殷正在躺椅上熟睡，一本书从他手中滑落，杨章甫捡起来一看，是《社会主义政治经济学》。两人不约而同相视一笑，低声说："想不到帝国主义的师爷，竟然看起马克思主义书刊来了！"

听到动静，杨殷就醒了，看到两位好友到此，杨殷连忙起身招呼，看到二人正目不转睛盯着那本《社会主义政治经济学》的书看，而且露出十分纳闷的神情，杨殷连忙说："这些是好书，开卷有益，你们也可以多看看！"

听到杨殷这样说，杨章甫和梁复燃认为杨殷能有这样的觉悟，十分难得，正是党组织需要的人才！但此时还不宜表露身份。广州的夏天，雨下得快，停得也快，这时，刚好雨过天晴，两人向杨殷辞别，三人约好第二天一起到三角市口的多如茶楼饮茶聊天。

第二天，三人如约来到了茶楼，谈论的话题自然是当下最热门的马克思理论与工人运动，三人谈得十分投机，杨殷还认为，中国肯定已经有了共产党组织，广东也肯定有，同时还表达了想认识共产党党员并加入共产党组织的想法。

至此，杨殷仍然不知道，正跟他一起坐在茶楼饮茶的两位好友，就是他梦寐以求想结识的中国共产党党员。

茶楼会谈结束后，杨章甫、梁复燃将杨殷的情况向党组织做了汇报。党内对杨殷的加入展开了热烈的讨论，有人认为，杨殷的"成分"很高，出生富裕家庭，又曾在国民党孙中山的大元帅府任职，地位那么高，是真心加入共产党的队伍吗？有人说，杨殷的社会关系十分复杂，亲戚朋友遍布粤港澳台甚至海外，什么港英爵士、洋人，甚至上海洪门和三合会的掌门，他都认识，有这样复杂背景的人能成为纯粹的无产阶级革命战士吗？还有人担心，杨殷在盐务稽核处任职，薪资那么高，能过得了苦日子吗？针对党内同志的疑问，杨匏安、杨章甫等从杨殷的出生、所受教育和革命经历、政治觉悟各方面做了详细介绍，打消了一些同志的疑问，支部负责人谭平山表示，杨殷有一定的革命觉悟，可以吸收入党！

1922年秋，由杨章甫、梁复燃作为入党介绍人，谭平山为监

谭平山

督人，杨殷加入了中国共产党。那时，杨殷不仅薪水高，而且家里也富有，因此党内同志见到他，都会戏谑地说："瞧，我们把'卢俊义'拉过来了！"卢俊义是中国四大名著之一——《水浒传》中的经典人物形象，绰号"玉麒麟"，生得仪表堂堂，并且重情重义，武艺高强。卢俊义原本是河北大名府的大财主，最后被逼上了梁山。对比一下二人的人生经历，杨殷与卢俊义的确有很多相似之处，因此，"党内卢俊义"的绰号就逐渐叫开了。

入党后，为了专心致志为党工作，杨殷辞去了盐务稽核处的职务，把年幼的孩子送给亲戚抚养，他还把家里的楼房和故乡的田产都卖了，并把已故妻子（李庆梅于1921年去世）留给他的纪念品及珠宝首饰一并捐给了组织作为革命经费。表现了对党、对无产阶级革命事业的无限忠诚。

1922年底，杨殷受党组织派遣到苏俄参观学习。

刚入党不久，就能有机会到十月革命的圣地去参观学习，对杨殷来说，这真是个难得的机会。

从广州到莫斯科，直线距离大约7000公里，在今天，要从广州飞抵莫斯科，需要约10个半小时甚至更长时间，中途还要经多地中转。而在1922年，从广州到莫斯科，同样的距离，要花费比现在多几十倍的时间，中途还要经受各种风险，比如帝国主义势力的封锁、盘查，还有鼠疫等流行病的侵袭等。比杨殷早一年去莫斯科的任弼时等人，中途就遭到了日军盘查，由于任弼时等人的机智应对才没有暴露身份。虽然路途艰难，但杨殷还是踏上了去莫斯科的旅程，因为杨殷始终坚信宋教仁的那句话"国家之事情，虽有危害，仍当并力赴之！"

到达莫斯科后，杨殷参观了莫斯科、圣彼得堡、伏尔加格勒等城市，以及郊区的工厂、工会、机关、学校等。此外，杨殷到达莫斯科的这一年，莫斯科正发生着另外一件大事！

就在杨殷到达莫斯科之前，各苏维埃共和国的共产党提出了联合的问题，1922年8月，俄共（布）中央成立了由斯大林主持的专门委员会，提出各苏维埃共和国以自治身份加入俄罗斯联邦的方案，对此，列宁建议，各苏维埃共和国按照平等自愿的原则一起加入苏维埃共和国联盟。1922 年 12 月 30 日，苏维埃社会主义共和国联盟首次苏维埃代表大会在莫斯科召开，苏维埃社会主义共和国联盟正式成立！

杨殷走在大街上，看到的都是工农群众满腔热情投入到社会主义革命和建设中的热火朝天的景象！人民脸上的笑容和整个社会洋溢着的那样一种积极向上的精神面貌，让杨殷感到兴奋。同时，他也在心里暗暗发誓：有一天，中国也一定会这样！

怀揣从莫斯科带回的信心与憧憬，1923 年 3 月，杨殷返回广州。

参与筹备中共三大

回到广州后，杨殷承担的一项重要工作就是协助筹备党的三大。

中共一大、二大已分别于 1921 年、1922 年上海顺利召开，按照中共二大关于"全国代表大会每年由中央执行委员会定期召开一次"的规定，1923 年即将召开党的三大。那么中共三大为何没有继续在上海召开，而是将会址定在了遥远的广州？

这与广州当时的革命形势有关。

1921 年 5 月 5 日，孙中山在广州宣誓就任中华民国非常大总统后，准备出师北伐，为了增强北伐的力量，1922 年春，孙中山积极与皖、奉代表联系，逐步形成了孙中山、段祺瑞、张作霖联合对付直系军阀的三角同盟。而就在此时，广州政府内部出现了叛徒，孙中山一直信任的陈炯明勾结直系军阀吴佩孚，并联合湖南督军赵恒惕反对孙中山北伐。收到消息后，1922年4月，孙中山回师广州，免去了陈炯明的广东省长、内务部长及粤军总司令等职务，但仍然保留其陆军部长一职，希望其能悔悟。但陈炯明为了一己私利，铁了心要一条道走到黑，1922年6月16日凌晨，陈炯明派部下李云复、杨坤如等发动武装政变，包围总统府，炮击孙中山的住所粤秀楼，孙中山在秘书林直勉的帮助下才得以脱险。陈炯明的叛变不得人心，北伐军迅速回师和叛军激战，但叛军得到帝国主义和直系军阀的支持，北伐军又长期征战、疲惫不堪，弹药和粮食供给困难，在陈炯明和直系军阀军队的前后夹击下，北伐军不得不向江西、湖南边境撤退。第二次护法运动失败。8月9日，孙中山乘船离开广州赴上海。

陈炯明的叛变，是孙中山一生中所遭受的最惨重的一次失败，过去的历次失败，都是败于敌人，而这次失败，是被跟随数十年的部下置于死地，真是"祸患生于肘腋，干戈起于肺腑"，让孙中山的心情无比沉重。回到上海后，孙中山陷入了彷徨苦闷当中，这是他革命征途上极端困难的时刻。

就在此时，共产国际和中国共产党向他伸出了友谊之手。

陈炯明

共产国际清楚地认识到：处于发展初期的中国共产党力量薄弱，需要找到一个同盟者。共产国际一开始选定的联盟对象是直系军阀吴佩孚，然而吴佩孚只是一个披着"革命民主外衣"的军阀。鉴于京汉铁路大罢工的经验教训，共产国际认为在中国当前的严峻形势下，不能再把希望寄托在吴佩孚身上，孙中山及其所领导的国民党才是最好的选择。

1922 年 8 月，苏俄驻华全权代表越飞到达北京后，派代表携函到上海，与孙中山就当时远东局势和中国革命等问题进行商讨，越飞向莫斯科提出：同吴佩孚合作是不现实的，而必须全力支持国民党，这个提议为俄共（布）中央政治局和共产国际执委

越飞

李大钊与孙中山在上海为国共合作事宜进行会谈（版画）

会所接受。中国共产党人李大钊也多次拜访孙中山，商谈国共合作问题。

由于孙中山只同意由共产党人加入国民党这一种方式来进行国共合作，于是 1922 年 8 月，在共产国际代表马林的提议下，中国共产党第二届中央执行委员会在杭州西湖召开特别会议（史称"西湖会议"）。会议的主题就是讨论国共合作问题。参加会议的有陈独秀、李大钊、蔡和森、张国焘、张太雷等。在部分中共党员看来，国民党和共产党是两个性质完全不一样的政党，共产党员加入国民党，这会丧失中共党员的独立性。但马林坚决要求贯彻共产国际的策略，他认为，国民党不是一个资产阶级的政

马林

西湖会议场景

党，而是各阶级联合的政党，无产阶级应当加入进去改进这个党，以推动革命。由于两派意见争执不下，马林最后提出了组织纪律的问题，"你们是否遵守共产国际的决定?"除了组织纪律性，更重要的一点在于，建党初期，党员缴纳的党费很少，中国共产党的活动经费几乎都来自共产国际。因此，中共党员最终服从了共产国际的决定。西湖会议决定共产党人以个人身份加入国民党，揭开了国共合作的序幕。1923年1月，《孙文越飞联合宣言》发布，苏俄公开表明对中国革命的同情和对孙中山的支持。

1923年初，孙中山通电讨伐陈炯明，陈炯明迅速溃败，从广州退往惠州，2月，孙中山由上海返回广州，再任陆海军大元帅，重新成立了大元帅府，开始逐步确立联俄、联共、扶助农工的政

1923年中华民国陆海军
大元帅印章

策，并积极推行改组国民党的准备工作。

由于孙中山重回广州，建立广东革命根据地，广东的革命形势逐渐好转，因此，中共中央决定，将驻地由上海迁往广州。其实早在 1922 年 5 月，共产国际代表就认为南方有最先进的工人运动，主张将中共中央和党的整个工作重心迁到广州，只是后来因为孙中山和陈炯明之间的争斗使得南方局势不稳，中共中央的迁移工作才暂时停止。

孙中山在 1923 年 2 月再任陆海军大元帅后，南方局势平稳，共产国际认为，共产党在广州活动有充分的行动自由，是党能开展工作的唯一地方，中共中央迁往广州，对国共合作的大局有利。因此，马林在 1923 年 3 月就提议，将之前搁浅的中共中央迁移广州的计划重新提上日程，随后，陈独秀、李大钊、张国焘、瞿秋白、张太雷、毛泽东、邓中夏等都陆续到达广州，广州成为中共中央所在地。

中共中央迁到广州之后，立即全力以赴筹备党的第三次全国代表大会工作，并委派张太雷为全权代表，到广州做具体的筹备工作。

张太雷，江苏常州人，1915 年考入天津北洋大学法政科学系，1919 年投身五四运动，1920 年参加北京共产党早期组织，1921 年受组织派遣远赴苏俄，担任共产国际远东书记处中国科书

张太雷

记，成为第一个在共产国际工作的中国共产党人，多次陪同共产国际代表到中国会见李大钊、陈独秀等。第一次国共合作期间，张太雷参与了中共、共产国际使者同孙中山等国民党要人的许多重要会谈。

　　1923 年 5 月中旬，张太雷为落实三大的筹备工作，专门找到杨匏安和杨章甫，想请二杨负责大会的后勤和保卫工作，并表示二杨可以挑选合适的中共党员协助他们办事。几经商量，二杨提出了几个具体的人选，其中就包括杨殷。二杨向张太雷介绍了杨殷的情况，杨殷在广州的联系面很广，与党、政、军各方面都有密切联系，他消息灵通，办事能力强，对大会的顺利召开肯定会

1923 年，杨殷与在粤汉铁路开展工运工作的翠亨同乡杨标、陆晋垣合影

有很大帮助。

张太雷听了二杨对杨殷的介绍，觉得十分满意，同意杨殷参加三大的筹备工作。

接到为三大保驾护航的任务后，杨殷表示，一定全力以赴做好工作，不辜负组织的信任，让远道而来的同志在广州开会期间不出任何问题。

在经费问题上，杨殷知道共产党的活动经费有限，他慷慨地拿出了自己平时的积蓄，将筹集到的资金交给了党组织作为活动经费；在选定会址的过程中，杨殷和杨匏安叔侄一起，找到了一栋两层砖木结构的楼房，环境清幽，适合开会。房主人因出国经商，所以房屋暂时空置，三杨立即用私人名义将房屋租了下来，作为中共三大的会场。这就是当时广州东山区的恤孤院后街31号（今恤孤院路3号）。此外，他们还在附近另外租了一些房子供代表们临时住宿，如位于现在东山区庙前西街38号，就是部分三大代表当时住的地方，毛泽东、陈潭秋、项英等人就住在这里。三杨尽心尽力帮助张太雷做好大会的后勤和安保工作，从会议用地、代表食宿到往来交通都被安排得井井有条，从未出现

中共三大会址

差错。

1923 年 6 月 12 日至 20 日，中国共产党第三次全国代表大会在广州顺利召开。三大选举了陈独秀、李大钊、罗章龙、谭平山、毛泽东、王荷波、项英、蔡和森、朱少莲为中央执行委员，选举徐梅坤、邓中夏、邓培等为候补中央执行委员。

经过讨论，大会接受了共产国际关于中国共产党同中国国民党合作的指示，大会还通过了《中国共产党第三次全国大会宣言》《关于国民运动及国民党问题的决议案》等文件。这些文件的中心思想是：第一，承认中国国民党是当前国民革命的中心力

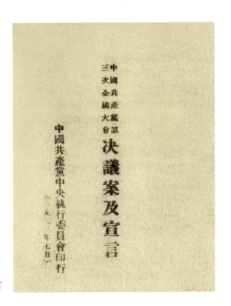

中共三大通过的决议案及宣言

量；第二，贯彻共产国际的指示，中国共产党同中国国民党的合作十分有必要；第三，中国共产党仍旧要保持政治上的独立性，共产党及青年团团员在国民党中的言语行动都须团结一致，警惕国民党在政治运动上的妥协倾向，在劳动运动上的改良倾向，同时从国民党左派中吸收真有阶级觉悟的革命分子加入党组织；第四，国共合作后，共产党要纠正国民党只注重军事斗争、忽视对民众进行政治宣传的错误倾向，继续从事对民众的宣传工作，为革命奠定强大的群众基础。

从大会的筹备到顺利闭幕，杨殷既出钱又出力，积极协助杨章甫、杨匏安等做好相关工作，为三大的顺利召开作出了重要贡献，他们的历史功绩值得被永远铭记。同时，也是从筹备三大开始，"革命三杨（杨殷、杨章甫、杨匏安）"的美誉就在党内逐渐流传开来。

四

在革命的洪流中

YANG YIN

石井兵工厂"倒马"

中共三大的召开以及国共合作局面的形成，使得广东的工人运动获得了公开的地位，同时，不少中共党员都在国民党中央任职，如中共党员冯菊坡就担任了国民党中央工人部部长廖仲恺的秘书，这就为中国共产党人开展工人运动提供了更为便利的条件。于是，党组织选派了一批党员深入工厂，组织工人、建立工会，杨殷就是其中之一，他被派往石井兵工厂开展工作。

石井兵工厂是一家什么样的工厂？党组织为什么会选派杨殷去开展工作？

石井兵工厂位于广州市北十公里处的石井墟，故称为石井兵工厂。兵工厂由清末两广总督张之洞提议创办，于1886年开始兴建，至1887年5月建成投产，初定名为"制造枪弹局"。1891年，改称"制造局"。1901年，开始小量仿制德国1888年式毛瑟枪。1906年，开始大批量生产毛瑟枪。后又历经数次更名，变成"广东兵工总厂"。同年，清朝粤督岑春煊主持扩充了兵工厂的生产规模，扩建厂房，从德国购买制造枪、弹的机器和技术。

虽然改成了"广东兵工总厂"，但人们还是习惯称"石井兵工厂"。石井兵工厂建成之前，广州没有一家成规模的机器工厂，只有几个小型的维修工厂，石井兵工厂建成后，成为广州军工厂的龙头。至1911年，清王朝灭亡时，石井兵工厂已经成为华南地区最大的军火工厂，规模仅次于江南机器制造总局、金陵机器制造局、福建马尾船政局等国内著名兵工厂。

辛亥革命后，革命军政府和桂、滇、粤军阀轮番在粤登台，掌控广东政权，在那个"有枪就是草头王"的年代，各路军阀都把枪杆子视为命根子，因此能够制造枪杆子的石井兵工厂就成为各路军阀和政治势力争夺的重要目标。1922年6月，孙中山在韶关前线听闻陈炯明准备叛变，立即率领警卫团回广州，但是警卫团兵力单薄，孙中山将其扩编后，警卫团的枪械尚未领足。于是警卫团团长陈可钰手持孙中山手谕，前往石井兵工厂领取机关枪、步枪等武器。当叛军进攻总统府时，警卫团的这批武器发挥了威力，有力地压制了叛军的数次冲锋。

孙中山极为重视石井兵工厂的生产，多次委派重要官员督促检查该厂的生产情况，并关心慰问工人，甚至亲自前往视察。

对于石井兵工厂的重要性，中国共产党也有充分的认识。因此，在三大闭幕之后，党组织迅速派出了一批党团员到兵工厂开展工作。如罗绮园、彭粤生等到石井兵工厂后，开办了工人补习学校，在工人中宣传共产主义和社会主义发展史。1923年底，石井兵工厂新上任了一位"背景深厚"的新厂长，党在工人中的宣传工作遭遇了困境。

马超俊，号香樵，广东台山人，工人出身，家境贫寒，但勤奋刻苦，后赴美国旧金山，在造船厂做工，加入当地华侨组织的"致公堂"，结识孙中山。后赴日本留学，由孙中山亲自为其主持宣誓，加入了中国同盟会。为报孙中山的知遇之恩，他积极追随孙中山奔走革命，先后参加镇南关起义、黄花岗起义等。1913年参加反对袁世凯的"二次革命"，失败后亡命日本。1914年奉孙中山之命赴美国学习飞机驾驶。1916年学成归国，参加护国战争，孙中山组织中华革命军在山东响应蔡锷时，马超俊驾驶飞机轰炸济南山东都署，这是我国历史上首次用飞机作战。1917年，随孙中山南下护法，负责工人运动，组织"广东全省机器工人维持会"，担任维持会主任，1922年，陈炯明炮轰总统府时，随孙中山进驻白鹅潭与叛军对峙。1923年4月，陈炯明被驱逐出广州，马超俊任石井兵工厂副厂长，后因保卫该厂抵制陈炯明部有功，在原厂长朱和中调任后，被升为兵工厂厂长。

升任厂长后，马超俊成了名副其实的一把手。他的资历在国民党中绝对算是元老级别，陈炯明叛变时，他坚定地站在孙中山这边，保护孙中山安全，是孙中山非常信任之人。因此，1923年

12月1日，孙中山任命马超俊为石井兵工厂厂长。值得注意的是，此人虽然效忠孙中山、积极革命，但是反对国共合作，是国民党内顽固的右派分子之一。

担任厂长之后，一方面，马超俊依仗自己资历老、有后台，在厂内为所欲为，常常利用职权贪污渎职，并且对工人严格控制，例如工人进厂要有人担保，入厂后只准做工，不允许过问其他事情，工厂内部毫无民主可言，同时，管理人员与工人之间矛盾较多，工人早已不满，但看到他来头不小，都敢怒而不敢言。马超俊同时还是广东省机器工人维持会的主任，兵工厂全部工人都被迫加入了这个黄色的广东工人机器工会①，马超俊任机器工会的主任，掌握工会大权。另一方面，作为国民党内的右派分子，他反对国共合作，更反对共产党到工厂开展宣传活动、组织工会，党的宣传教育工作遇到了极大的阻碍。

因此，为了"啃下这块硬骨头"，继续在兵工厂内推进马克思主义的宣传教育工作，党组织选定了同样"背景深厚"的杨殷到兵工厂开展工作。

---

① 黄色工会，一般指被资本家收买、控制的工会，据说，1887年法国一家工厂收买工会以破坏罢工，罢工工人们打碎了工会的玻璃，资方随后用黄纸糊补，故称"黄色工会"。黄色工会的出现反映了劳资矛盾的尖锐性、工会组织的复杂性和工人运动的艰巨性。

听说杨殷要来，可想而知，马超俊心里一定犯起了嘀咕：杨家与孙中山关系密切，杨殷又一路跟随孙中山革命，还当过孙中山的贴身保镖，也是一个重量级人物！这样的人，无论如何，都还是要给几分面子的。虽然表面上马超俊不敢得罪杨殷，但是，在杨殷到来之前，他暗地里找手下威胁工人："谁敢接近他（杨殷），我就给他颜色瞧瞧！"

为了尽快熟悉情况，到工厂没多久后，杨殷就到车间去跟工人一起干活，拉家常，广交朋友。

老工人庞伯因为工资被克扣，仅靠吃白粥度日，体力不支，在扛铁条进入车间时，不小心将摆放在门旁的物品碰倒了，不巧正被工头何中连看到了，何中连是马超俊的心腹，平时一贯欺负工人，看到庞伯撞倒了东西，他出口就骂："你个老东西，是不是想故意损坏厂子机器？"说着，就冲过来，举起手中的鞭子就要打庞伯。

正在这时，杨殷一个箭步冲上去，伸出手一下子就抓住了鞭子，庞伯避免了一场皮肉之苦，何中连抬头一看是杨殷，就没有再继续挥鞭，但还是站在一旁骂骂咧咧。庞伯老泪纵横，感激地看着杨殷。

在工人们看来，杨殷跟孙大总统关系密切，连厂长马超俊都得给他几分面子，有这样大背景的人罩着，工人们觉得很放心，再加上杨殷没有官架子，一直跟着工人一起下车间劳动，所以工人们都愿意跟随杨殷。

工作局面一下子就打开了。没过多久，杨殷在兵工厂组织了第一个"工人十人团"，培养了一批工人骨干，此后，一串十、十串百，工人们很快都被发动起来，成立了工人俱乐部。与此同时，杨殷还发展了陈日祥、罗珠、郑煜等加入中国共产党，在兵工厂建立了秘密的党团支部。后来接任石井兵工厂党支部书记的谭天度回忆说："杨殷等同志深入到石井兵工厂活动，于一九二三年冬在该厂组织起'工人十人团'和'兵工厂工人俱乐部'。他们在那里打下的工作基础，直至一九二六年党派我到该厂担任党支部书记和训育部主任时，仍然处处能感觉得出来。"

工人发动起来之后，要做的第一件大事，就是揭露厂长马超俊的罪行。

杨殷动员工人把厂长马超俊克扣工资、贪污渎职、私卖军火的劣行印成传单，为开展斗争做好充分准备。第二天，轰轰烈烈的罢工运动开始，厂内的电线杆和树上都挂满了沙煲，上面贴着"出粮无期，沙煲挂起"的标语，意为：工厂不发工资，工人就无钱买米，无米下锅，只能将做饭的沙煲挂起来！

看到揭发自己丑行的传单，马超俊暴跳如雷，表示绝对不会退让！马超俊的行为引起了全体工人的愤怒，越来越多的工人参与到罢工的行列当中，马超俊见形势不妙，叫自己的老婆出面请工人代表吃饭，并且当场给工人代表每人发了50元港币，除了个别人外，代表们都没有被收买。

杨殷及时召开了工人大会，公开揭露了马超俊出钱收买代表的卑劣行为。

兵工厂总务科科长马治和是马超俊的弟弟，忙出动护厂队包围工人，工人们则表示，如果护厂队敢抓人，他们就用机关枪来对抗。

马俊超闻讯赶来，见到众怒难犯，马上叫护厂队撤离，并劝工人回去静候消息。回到办公室后，马超俊捏造事实，污蔑工人聚众要挟，并列出了黑名单，要求政府缉拿工人代表。杨殷得知消息后，立即带领兵工厂的工人晋见孙中山，了解事情的真相后，孙中山勃然大怒，于1924年10月18日下令："广东兵工厂厂长马超俊着即免职听候查办。"20日，任命黄骚代理厂长一职，并补发工人工资。

至此，这场"沙煲阵"罢工取得了成功，在胜利的喜悦中，中国共产党领导的红色工会在石井兵工厂宣告成立。

此后，兵工厂工人在共产党的领导下，不断掀起罢工工潮，提出了增加工资、撤换黑心厂长、改善生活待遇等要求，同时，一大批工人骨干逐渐成长起来，并被吸收入党，增强了党组织的力量。

石井兵工厂"倒马"的成功，再一次让党组织看到了杨殷的工作能力。在1925年爆发的"省港大罢工"中，中央驻粤临时委员会和中共广东区委决定，指派邓中夏、黄平、杨殷、杨匏安、苏兆征5人组成"党团"，作为组织、发动罢工的指挥机关。大罢工开始后，香港工人纷纷前往广州参加运动，杨殷一方面负责解决工人往来的交通和经费问题，另一方面，他还负责大罢工期间的保卫工作，防止有人趁机闹事嫁祸工人。如广州市公安局侦缉科长吴国英就指示他的侄子带着一帮流氓打手，在西关一带制造事端，还污蔑是罢工工人干的，以扰乱视听，破坏罢工，杨殷按照党组织要求，亲自带人查明真相，有效地保护了工人的罢工斗争。此外，他还注意倾听工人心声，建议罢工委员会及时改变斗争策略，只抵制英帝国主义的货物，让其他各国的船只正常开进黄埔港，策略的改变，有效地瓦解了帝国主义的联合战线，保障了民众的生活，为罢工减轻了外部压力。虽然因为斗争需要，他没有担任这次罢工的公开领导职务，但是党中央对他的贡献作出了充分的肯定，称他是"中国历史上最有名的广东省港大罢工的领导者"。

从石井兵工厂"倒马"到领导省港大罢工，杨殷时刻为工农群众谋利益，体现了一个共产党员崇高的革命精神和品德风范。

省港大罢工后，洋人自作自食的情形

省港大罢工反帝示威大游行

省港大罢工的工人纠察在珠江上巡逻

党的情报工作的重要开拓者

《孙子兵法》有云：知己知彼，百战不殆。相对来说，"知己"容易，但要"知彼"，却不那么轻松。在各方势力逐鹿中原的年代，监听、监视、跟踪、伪装……各种手段层出不穷，狡猾的袁世凯就是在宋教仁身边安插了密探跟踪，才提前得知了宋、黎二人的密商内容，抢先一步下手暗杀了宋教仁，替自己解除了威胁。1921 年 7 月 30 日晚，中共一大会场突然遭到租界警察的搜捕，原因就在于共产国际代表马林早已暴露了行踪，在他从欧洲到上海的途中，各国警察都在严密监视着他的一举一动，关于他的情况汇报，都隐藏在从欧洲到中国的滴滴答答的无线电波声中。

而中国共产党在建党之初，由于缺少经费、人员不足，没有建立自身的武装，没有意识到隐蔽战线斗争的重要性，因此，也就没有建立自己的情报机构，直到 1925 年 8 月 20 日 "廖案"的发生，安全保卫问题才引起了共产党人的警惕。

1925 年 3 月 12 日，孙中山因癌症在北京逝世。孙中山的去世，使得国民党内各派系围绕最高权力展开了新一轮的角逐。廖仲恺是追随孙中山的"老人"，是国民党内为数不多的坚定不移地执行孙中山"联俄、联共、扶助农工"三大政策的人之一，是国民党左派的领袖；而与左派针锋相对的，则是反对国共合作的国民党右派。随着权力争夺逐渐进入白热化阶段，廖仲恺已经成为国民党右派及各帝国主义国家的眼中钉、肉中刺，他们纷纷想除之而后快。

1925 年 8 月 20 日上午，国民党左派领袖、中华民国政府财政部总长、中华民国军事委员会常务委员廖仲恺，在戒备森严的国民党中央党部门口遭遇刺杀，身中四弹，在送往医院途中去世，年仅 48 岁。

廖仲恺是国民党内的重要人物，他遇刺的消息震惊了各界。案发后，国民党中央、国民政府和军事委员会举行联席会议，决定由国民党中央执行委员会常委汪精卫、国防部部长许崇智、黄埔军校校长蒋介石三人组成特别委员会，授之以政治、军事及警察全权，以应对风云变幻的时局。与此同时，国民政府指派朱培德、陈树人、周恩来、杨匏安、陈公博、李福林、甘乃光、吴铁成 8 人组成"廖案检查委员会"，并成立由杨匏安、李章达、谭桂萼 3 人组成的"廖案审判委员会"，负责对案犯的侦缉与审讯工作。

"廖案"的发生，也引起了中国共产党人的警觉。廖仲恺虽然是国民党，但他是国民党内支持国共合作、支持工人运动的左派人士，凶手此次的目标是杀左派，那下次的目标就很有可能是

廖仲恺

广州市各界群众 20 万人参加廖仲恺出殡时的情形

共产党员！如果能有自己的情报网络，事先获知敌方行动的时间、地点，提前做好保卫措施，或许刺杀就不会成功。尤其是亲自参与调查廖案的周恩来，更是充分认识到情报与保卫工作的重要性。

1925 年 11 月，共产国际在广东开办特工训练班，学员有 20 多人，杨殷参加了这个训练班。同年 12 月，中共广东支部负责人谭平山派傅烈、杨殷负责情报工作。

傅烈，江西临川县人，出生商人家庭。1919 年夏，他不顾家人反对，毅然抛弃了大学生活来到上海。1920 年，与赵世炎等一起赴法国勤工俭学，结识了周恩来、邓小平等人。1924 年在法国加入中国共产党，同年秋天，受中共旅欧支部派遣，到苏联东方劳动大学学习。1925 年夏，奉命回国，任国民革命军第三军政治部秘书。傅烈在莫斯科时，曾经在苏联的政治保卫机构——契卡学习过苏联的政治保卫工作经验。

在 1922 年冬赴莫斯科学习时，杨殷就曾接受过秘密工作方面的专业技能训练。因此，陈延年、周恩来等经过反复考虑，选派了傅烈、杨殷这两位有秘密工作经验的精英开创党的情报保卫工作，当然，除了工作能力过硬，傅烈、杨殷二人信仰坚定，对党忠诚，工作积极，这也让党组织对他们非常放心。

正如《中共秘密战：中共情报、保卫工作纪实》一书的作者郝在今先生描述的那样：

> 这个世界，没有任何一个行业能像隐蔽战线这样神秘而
> 凶险，同时又充满魅力，一份情报扭转整个战役的胜负，一
> 个特工挽救庞大团队的危亡。

这句话写出了情报工作和情报人员的重要性。对于党中央和广东区委交办的这项重大任务，杨殷不敢掉以轻心，和傅烈等全力以赴建立党的情报网。

情报工作的首要任务就是培养合格的情报人员。"廖案"发生后，杨殷被广东国民政府聘为广州市公安局顾问，负责侦查"廖案"。杨殷利用这一有利条件，挑选了一批亲信人员，安插到国民党政府机关，做搜集情报工作和保卫左派人士的工作。他安排自己的堂兄杨伯鸣担任公安局的提犯委员，只要获得有关共产党犯人的消息，杨伯鸣就立即告诉杨殷，由杨殷组织营救。杨殷还把中共党员黎胜安排在广州卫戍司令部谍报科工作，担任特别侦缉员，黎胜进入广州卫戍司令部后，还发展了广州市公安局局长的司机陈添、广州市公安局秘书长的司机梁暖加入了中国共产党。此外，杨殷还把缝纫女工李少棠、木工郑全都发展成了党的秘密交通员。通过这个不断扩大的情报

网，杨殷获得了源源不断的情报，并将情报汇报给了中央和广东区委。利用这些情报网络，杨殷成功地救出了广州工人纠察队总队长周文雍、中共香港地区工人运动委员会书记梁桂华等。

为了传递情报，杨殷还让自己十几岁的女儿杨爱兰也成了交通员。根据杨爱兰回忆，她十几岁的时候，在不知情的情况下，做过父亲杨殷的交通员。那时候，每到周末，杨爱兰就很忙，她要拿着上学用的藤箱往返于粤、港、澳三地，而且每次的目的地都不一样。在父亲的叮嘱下，她总是跟着前面的一个人，但又不能跟太紧，那个人坐船，她就坐船；前面的人坐车，她也坐车。有几次，到了指定的地方，就会有人来拿杨爱兰的藤箱，还会问她："阿兰，看看你的成绩怎么样？"回到广州后，又会有人来翻杨爱兰的作业本，有时他们还会拿着本子在火上烤。当时，年幼的杨爱兰并不知道父亲和这些叔叔们在做什么，长大后再回想，那个时候正好是白色恐怖时期，父亲杨殷可能觉得一个小姑娘不会引人注意，因此，才把情报藏在女儿的作业本里。

除了发展情报人员，杨殷还从省港大罢工的工人中挑选了一批精干人士，在广东、香港、澳门建立情报站，保证了情报工作的稳定性、持续性。如他在广州市文德路开设荣庐俱乐部，专门

杨殷用过的皮箱

接待国民政府的高级党政要员和知识界人士，安排工作人员从中搜集情报。

更多的时候，杨殷还亲自出马完成一些工作。根据杨爱兰回忆：同盟会元老杨心如的榨粉街家里，"放着许多我父亲化装用的衣服、帽子、胡须等物，真的是应有尽有"。杨殷从小聪明伶俐，从事特工工作后，非常懂得随机应变，多次脱离险境，大家非常关心杨殷的安全，特地为他做了一个夹层箱。如今，这个箱子就陈列在中国国家博物馆里。

1926年，国民党召开第二次全国代表大会，虽然此时仍是国共合作时期，但杨殷得到消息，国民党右派分子已经筹划准备在大会期间暗杀国民党左派人士和共产党员，企图用这种方式破坏国共合作。杨殷迅速把这个消息向党组织做了汇报，经与广东革命政府协商，杨殷被特聘负责国民党二大的保卫工作。接到保卫任务后，杨殷迅速组建了一支"特别保卫大队"，并亲自担任大队长。这支保卫大队在杨殷的领导下，日夜不停地巡逻放哨，严密监视每个进出会场的人，严密的保卫工作使得右派分子的暗杀行动无机可乘，十几天的会议顺利召开，没有出半点纰漏。情报网的建立，为党中央的各项决策提供了可靠的情报依据，保卫了党的领袖及社会进步人士的安全，同时，也对各种敌对势力形成了震慑。

一般认为，中国共产党的情报工作，主要从 1927 年中央特科成立开始。但在中央特科成立之前，杨殷等已经在粤、港、澳地区进行情报活动的实践，这些实践探索为中央特科的成立以及工作的顺利开展提供了宝贵的经验，因此，杨殷绝对是党的情报工作的重要开拓者。

参与领导广州起义

"廖案"的发生，对国民党内权力斗争的结果产生了重要影响，被认为有重大嫌疑的胡汉民离开了广州，许崇智也辞职去了上海，此时争夺党内一把手位置的实权人物仅剩下汪精卫和蒋介石。

为了进一步攫取国民党内的最高领导权，蒋介石相继策划和制造了"中山舰事件"①"整理党务案"②,进一步打击国民党内的左派势力和共产党,以巩固自己的地位。1926 年 11 月 9 日,蒋介石在南昌成立了总司令部,决心清党反共。经过周密的部署,1927 年 4 月 11 日,蒋介石密令东南各省开始清党。当晚,上海市总工会执行委员会主席团委员长汪寿华被青帮大佬杜月笙以宴请为名骗出杀害。4 月 12 日,青帮流氓、特务等数百人,身着蓝色短裤,手臂上缠着"工"字袖标,在闸北、南市、吴淞、虹口等处,袭击工人纠察队,工人们仓促应战,伤亡不小。随后,国民革命军第二十六军周凤岐部借调解"工人内讧"为名,强行收缴双方的枪械。新军阀发动的这次反革命政变,调动军队及流氓武装 1500 余人,3000 余工纠队员被强行解散。从 12 日至 15 日,

---

① 中山舰事件是大革命时期以蒋介石为首的国民党右派制造的一起反对共产党和打击国民党左派的反革命事件。1926 年 3 月 18 日,黄埔军校驻广州办事处主任欧阳钟称奉蒋介石的命令,通知海军局代局长、中共党员李之龙速派军舰到黄埔,而当李之龙派中山舰开赴黄埔后,蒋介石却否认有此调令。此时,社会上谣言四起,说苏联顾问和共产党要劫持蒋介石,3 月 20 日,蒋介石在广州实行戒严,逮捕李之龙,监视和软禁了大批共产党人,包围苏联领事馆、监视苏联顾问。

② 1926 年 5 月 15 日召开的国民党二届二中全会上,蒋介石提出所谓的《整理党务决议案》,规定共产党员在国民党省、市以上高级党部任执行委员的人数不得超过总数的三分之一,共产党员不能担任国民党中央各部部长,加入国民党的共产党员的名单应该全部交出等等。于是,担任国民党中央部长的共产党员只能辞职,共产党在国民党中逐渐丧失地位。

中山舰

中山舰舰长李之龙

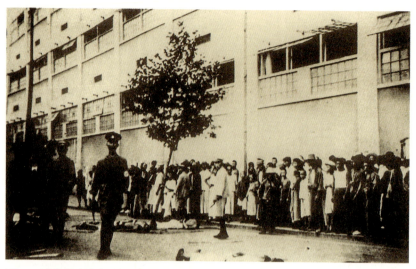

四一二反革命政变中，工人被枪杀现场

上海有 300 多工人被杀，500 多人被捕，5000 多人失踪，上海处于一片白色恐怖之中。

　　蒋介石在上海大肆屠杀共产党人消息传到广州后，4 月 13 日晚，杨殷跟穆青①等人召开紧急会议，研究应对策略，决定广东区委的各主要负责人立即停止公开活动，隐蔽起来，日常工作由没有暴露的同志主持。随后，杨殷还到各工会，帮助已经暴露身

---

①　1927 年 3 月，中共广东区委书记陈延年率广东代表团离开广州，赴武汉参加党的第五次全国代表大会，指定穆青、杨殷、赖玉润、李森等共同负责广东区委的工作。

份的共产党员提前转移。杨殷利用自己丰富的情报保卫工作经验，化装脱险，躲过了国民党军队的包围和搜查。

面对革命形势的急转直下，1927年8月7日，中共中央在汉口召开紧急会议（史称"八七会议"），批判和纠正了陈独秀的右倾机会主义错误，选出了新的临时中央政治局，并确定了土地革命和武装斗争的总方针。

中共广东区委书记陈延年（右二）和区委工作人员杨匏安（右一）、刘尔嵩（右三）、冯菊坡（右四）的合影

八七会议决定，由张太雷、杨殷、黄平组成临时南方局，负责两广和闽南地区的暴动及一切军事、政治事宜，张太雷任广东省委书记，杨殷负责临时南方局的军事和肃反两个委员会的领导工作。1927 年 10 月 15 日，中共中央南方局、广东省委在香港召开临时会议，改组了南方局和广东省委，由张太雷、周恩来、恽代英、黄平、杨殷、彭湃组成南方局，张太雷为书记。南方局下设的军事委员会由周恩来、张太雷、杨殷组成。杨殷还担任广东省委常委兼工委书记。

1927 年 11 月 17 日，中共中央临时政治局在上海召开会议，通过了《广东工作计划决议案》，决定举行广州起义。随后，中共广东省委书记张太雷返回广州，传达了中央关于发动广州起义的指示，11 月 28 日，广东省委正式成立了广州起义的总指挥部——革命军事委员会。由张太雷任总指挥，黄平、周文雍为革命军事委员会委员，在革命军事委员会下设参谋团，杨殷任参谋团主任，负责搜集情报、制定起义计划，兼任西路起义军总指挥。

杨殷通过党的地下情报网，动员工人回到广州参加起义，还通过此前打入广州市公安局的内线随时掌握国民政府的动态。此外，起义需要大量的枪支和弹药，杨殷负责武器的制造和运输，他组织石井兵工厂的工人秘密制造枪支和弹药，并派交通员李少棠化装运送，杨殷还亲自选定大安米店作为储藏武器和转运武器的机关。为了筹备广州起义，杨殷不顾危险，利用商人身份做掩护，奔波于粤、港、澳三地，把大革命失败后散落的党员和工人骨干重新组织起来。

起义前两天，杨殷收到线人密报，敌人对共产党的起义活动已有所察觉，因此，杨殷立即派人通知提前行动。

12月11日凌晨，震惊中外的广州起义爆发！起义军按照事先制定的计划，迅速奔向各个目标，杨殷更是亲自率领由工人组

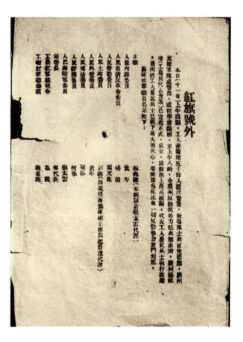

广州起义当天红旗社散发的号外

起义军炮兵

参加起义的广州工人赤卫队

成的敢死队，攻下了广州市公安局。起义军作战英勇、团结一致，很快就占领了广州的大部分地区。

12月11日清晨，广州苏维埃政府在原广州市公安局宣告成立，革命的红旗在广州市区上空迎风飘扬！

张太雷（广州苏维埃政府主席为苏兆征，苏未到任前，由张太雷代理）主持了广州苏维埃政府的首次会议，任命杨殷为人民肃反委员。杨殷在会上报告了肃反工作情况，说明已经逮捕和处决了一批反革命分子，但他同时告诫党员同志，要牢记巴黎公社的历史教训，维持革命秩序，控制交通要道。他还表示："打下世界不易，保住世界更难！"为了防止敌人反扑，杨殷布置铁路工人赤卫队迅速占领和控制住了粤汉、广三、广九铁路。后来的事实证明，杨殷的调动和布置发挥了重要作用，切断了敌人的运输，使得反扑广州的敌军受到了不小的阻碍。当时报纸报道：张发奎"调各江军队返省讨共，但广三、广九、粤汉三路，均为共产党占据，火车不通，运兵颇不便"。

12月12日，敌军开始从东西南三面向市区反扑。12日午后，张太雷因偕国际代表乘车到前线指挥作战，途中遭遇敌人袭击，中弹牺牲。张太雷牺牲后，由杨殷继任广州苏维埃政府代主席，领导部队与反扑的敌人继续战斗。由于敌人的援兵纷纷赶到，起义军寡不敌众，13日，为了保存革命力量，杨殷等决定撤出广

广州市公安局　　　　　　　　　　　　　　　《晨报》关于广州起义的报道

州，他率领一小部分工人赤卫队，坚持战斗到最后撤出广州。

国民党军队进入广州后，进行血腥大屠杀，广州城内尸横遍野，血流成河。

1928 年，中共广东省委在香港召开大会，总结广州起义失败的原因，会议由李立三主持，大会不顾杨殷等人提出的不同意见，强行通过了广州起义的决议案，指责起义的领导人没有充分发动群众，把这次暴动变成了军事投机，还不实事求是地批评了几乎所有参与起义的领导人，批评杨殷"担任肃清反革命委员会，完全未执行职务"，最终杨殷受到了"调到下层工作，并决

苏兆征

广州起义失败后充满杀气的广州街头

伏尸遍地的广州永汉路口

起义烈士的鲜血染红了珠江

定开除省委委员"的处分。

杨殷不同意在起义失败后做这样简单粗暴的处理，但他从没有为个人申辩，也不计较个人得失，随即又投入到新的工作当中，因为他知道，越是在困难的时候，越是要加强领导核心的团结。他积极处理广州起义的善后事宜，抚恤烈士家属，接济生活没有着落的党员同志，他还鼓励大家说："起义是失败了，但血是不会白流的。现在已经是腊月残冬，春天不是就要来到了吗？"他鼓励大家坚定信心，积蓄力量，为死难的同志报仇，为苏维埃政府而奋斗！不久，中共中央撤销了对杨殷的批评和处分，他重新当选为广东省委委员。

中共中央军事部部长

YANG YIN

参加中共六大

  1928年，杨殷以广东代表团工人代表的身份，参加了在莫斯科举行的中国共产党第六次全国代表大会。被选举为大会主席团委员、代表资格审查委员会委员之一，是政治、组织、职工运动、农民土地问题、军事和妇女运动六个委员会以及湖北和广州暴动问题两个委员会的成员，7月8日还担任湖北委员会主席。

  1927年大革命失败后，中国共产党走上了独立领导中国革命的道路，经过南昌起义、秋收起义、广州起义等武装起义，中

20世纪20年代的莫斯科

国革命进入了创建红军、进行土地革命战争的新时期，但革命形势依然处于低潮。当时的党在关于中国社会性质和革命性质、动力、前途等事关革命成败的重大问题上，还存在着认识上的分歧和争论。在历史的关键时刻，迫切需要召开一次党的全国代表大会予以认真解决，以统一全党的思想。正是在这样危机四伏的革命转变关头，为了全面系统地总结第一次国内革命的经验教训，明确新时期革命的性质和任务，中共中央临时政治局在 1928 年 1 月召开会议，决定于 3 月底召开中国共产党第六次全国代表大会。但由于当时异常严重的白色恐怖，在国内召开这样的大会非常困难，中共中央经过慎重研究，在向共产国际作了报告并经同意在苏联境内召开后，于 3 月决定中共六大在莫斯科召开。

在中国革命最艰难的关头，来自中国各地的中共代表们，为了国家和民族的前途命运，冒着生命危险，冲破重重险阻，远涉万里前往莫斯科。这一路注定凶险万分。由于出国参加六大的代表多为被国民党政府通缉的对象，所以不少人出国时仿佛经历了一场冒险。杨殷与黄平带着几个香港海员代表同船从上海出发，杨殷穿着西服，拎着一个手提藤制箱子，打扮成商人模样，与黄平等装作彼此不认识。本以为能顺利到达，当船快到大连时，没想到突遇日本警察盘问，杨殷早有准备，声称是做药材生意的，并主动打开手提藤箱，拿出一些药丸样品给他们看。日本警察仔

中共六大代表前往莫斯科参会路线示意图

哈尔滨的俄式马车

细检查没发现异常就放行了，可谓有惊无险。两人到达大连，然后乘火车到哈尔滨和满洲里，乘坐预先安排好的俄式马车进入苏联境内，先乘火车到赤塔、再转火车顺利抵达莫斯科。

周恩来与杨殷一直有着深厚的革命感情。周恩来担任中共广东区委书记时，杨殷任区委委员、两广监委委员。南昌起义后，周恩来率起义部队辗转潮汕等地开展斗争，当转移到香港时，周恩来病情较为严重，杨殷想方设法为其寻医找药。当时，从到达莫斯科参加中共六大的广东代表口中，杨殷才知晓周恩来、邓颖超夫妇在此行中虚惊一场，竟险遭日本人逮捕。周恩来与邓颖超赴苏联途中乔装成古董商人，在大连遭遇水上警察的重点盘查。警察怀疑周恩来的身份，甚至直接喊出他的姓名。周恩来非常机警地应付过警察的盘查，甚至为了安全，销毁了接头的证件，化险为夷。

经过近一年时间的酝酿和准备，1928 年 6 月 18 日至 7 月 11 日，中国共产党第六次全国代表大会在苏联莫斯科近郊兹维尼果罗德镇"银色别墅"秘密召开。这是中共历史上唯一一次在境外召开的全国代表大会。据记载，出席此次大会的各地代表共 142 人（其中有表决权的正式代表 84 人），代表全国 4 万多名党员。同时，受邀参加开幕大会的还有共产国际、赤色职工国际的代表以及苏联、意大利等国共产党的代表。大会首先对在中国革命中

中共六大会址——银色别墅

六大会址烧毁后照片

死难的烈士表示深切哀悼，随后，通过了大会主席团、秘书长、副秘书长和代表资格审查委员会名单。同日，大会主席团会议讨论了各种组织工作问题，专门成立了政治委员会（附苏维埃委员会），组织委员会（附章程委员会）、职工运动委员会、农民土地问题委员会、军事委员会等。此外，在大会主席团的第五次、第七次会议，还成立了湖南、湖北、南昌暴动问题和广州暴动问题四个委员会。

大会总结了大革命失败以来的经验教训，科学分析了中国社会的性质仍然是一个半殖民地半封建的国家，中国革命现阶段的性质是资产阶级民主革命，制定了党在新时期的路线、方针和政策，统一全党思想，发展革命力量。在总结大革命失败的教训时，杨殷有针对性地指出："中国革命政权问题，必定要看重军事势力"，而政权问题的解决，"军事成分占90%。而解决土地问题，又要求政权问题的解决"，他的上述军事思想，深刻揭示了搞好军事工作对解决政权问题的极端重要性。会上，瞿秋白作了《中国革命与共产党》的政治报告，周恩来作了《组织问题报告和结论》及《军事报告》，李立三作了农民土地问题报告，向忠发作了职工运动报告，共产国际代表布哈林作了《中国革命与中国共产党的任务》的政治报告。杨殷认真听取了上述报告，并积极参加了分组讨论。

7月3日，周恩来向大会作军事报告。报告总结了中共领导上海三次武装起义、南昌起义、广州起义等军事行动的经验教训，提出了目前的工作任务，包括建立红军、工人武装组织和训练、农民武装运动、党员军事化问题、党的军事部组织问题等。大会专门成立了以周恩来为召集人，由杨殷、李立三、邓中夏等33人组成的军事委员会，研究制定了《军事工作决议案（草案）》，决议案草案根据六大"争取群众""准备武装起义"的总路线，确定了全党军事工作的任务，包括"在军阀军队中的工作""党员军事化""工人群众的军事组织和准备""工农群众游击运动的准备""建立红军问题"等；对"党的军事组织"，明确规

六大参会代表的卧室

定"中国共产党的一切军事工作都应集中于中国共产党中央军事部。各地应设立军事委员会，受地方党部之一般指导而工作，但于军事技术方面，则受中央军事部之指挥。中央军事部和各地军事委员会均依据中国共产党中央所规定之计划书而工作"。决议草案由中央颁布全党实行，实践证明，六大关于军事工作和中央军事部任务与组织的规定基本是正确的。

大会通过了关于政治、军事、组织、苏维埃政权、农民、土地、职工、宣传、民族、妇女、青年团等问题的决议，以及经过修改的《中国共产党党章》。大会选举产生了新的中央委员会，选出中央委员 23 人，候补中央委员 13 人。杨殷当选为中央委员。

7 月 19 日，在莫斯科克里姆林宫召开了中共六届一中全会。出席会议的有中央委员苏兆征、周恩来、李立三、杨殷等 12 人，候补中央委员 11 人。参加会议的还有共产国际代表布哈林、米夫等。会议决定政治局由 14 人组成，其中委员 7 名、候补委员 7 名；政治局常务委员会由 8 人组成，其中委员 5 名、候补委员 3 名。杨殷当选为中央政治局候补委员、候补常委。

7 月 20 日，中共中央政治局在莫斯科举行第一次会议。会议确定了中共中央政治局各委员的分工和中央工作机构的设置及其领导成员。为了加强党的军事工作，决定恢复中央军事部，作

保存在中央档案馆的中
共六大代表名单

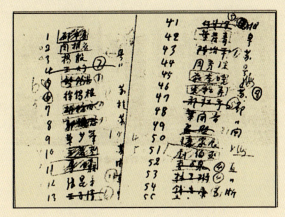

中共六大文献研读

中國共產黨十大政綱

一、推翻帝國主義在華的統治，

二、沒收銀行，工廠企

三、推翻地主資產階級的軍閥國

四、民黨翻政府，建立工農兵蘇維埃政府，

五、建立權力，中國的統一，承認民族自決權，

六、統一中國，承認民族自決權，

七、沒收地主階級土地分給土地和互

八、作救濟和社會保險等，時互作增加農民互作

九、取消軍閥地方的苛捐襍稅，一的累進税，

十、聯合全世界無產階級和蘇聯，

中國共產黨
川陜省委會翻印
三月廿五日

为全党的最高军事指导机关，杨殷任中央军事部部长，委员有杨殷、周恩来、项英、颜昌颐、彭湃和关向应，不久又增加李硕勋、李超时、彭干臣为委员。后来，在1929年10月17日中共中央制订的《目前军事工作计划大纲》中，明确指出中央军事部是中国共产党的最高军事领导机构。此外，会议决定"中央政治局常务委员会"之下设立"中央军事部——军事运动委员会"，杨殷任主任。会议还决定杨殷等同志准备第二批回国。

中共六届一中全会结束后，7月下旬，根据中共中央的安排，杨殷和广东代表团的江惠芳、袁炳辉、黎国忠等到列宁格勒参观，这是一座英雄的城市，旧称圣彼得堡，位于波罗的海沿岸，是仅次于莫斯科的第二大城市，1917年的二月革命和十月革命都爆发在这里。杨殷是第二次来到这座英雄城市，内心并不平静，当他凝神注视靠在涅瓦河边的"阿芙乐尔"号巡洋舰和象征十月革命胜利的冬宫时，不禁想到艰难曲折的中国革命道路和回国后即将肩负的重担，他将为了祖国的独立和人民的解放事业奉献一生。

战斗在上海

1928年9月，杨殷从苏联回到了白色恐怖笼罩中的上海，在中共领导机关主持军事工作，他从熟悉的广东地方工作走上了全新的中央领导岗位，从工人运动领袖转换成领导军事斗争的中央

1925 年苏联时期的列宁格勒

军事部部长，而党内负责军事的周恩来尚在苏联。当时的工作环境特别恶劣，所有活动被迫转入地下，处于极端秘密状态。抚今追昔，当时国内革命正处在两个高潮之间的低潮，是个极其令人难熬的严峻时刻；换言之，也可以认为是革命运动从低谷重新走向高涨的起点。

干革命工作，越是艰难越须向前，也越需要非凡的智慧和灵活的策略。杨殷担任中央军事部部长时，正值党领导的革命游击战争处在异常困难时期，国民党各派军阀密集对工农红军进行"清剿"，对各地武装起义和创建农村革命根据地的斗争造成严重危害。面对严峻形势、全新挑战，他深感肩负重担、责任重大，大力推动并灵活运用"所谓集中指导，非集中到个人而是集体指导"的军事工作思路。实践证明，这个思路有利于集思广益、优化决策，弥补他经验上的不足。他还创造性向中央提出设立包括工委书记、农委书记、团中央代表以及军事专家等组成的军事委员会——"专为讨论及建议机关，每二周开一次，由军事部长负责召集"，实行集体领导。10 月 25 日，中央决定在军事部之下设立军事委员会。军事委员会由杨殷、周恩来、苏兆征、彭湃等 9 人组成。11 月上旬，周恩来从苏联回到上海，负责中共中央的主要工作。杨殷一直尊重和钦佩周恩来，他虚心地向周恩来学习，向懂军事的同志学习，他对毛泽东于 11 月 25 日写给中央的报告

杨殷塑像

《井冈山的斗争》爱不释手，在工作中如饥似渴地学习，在斗争中身先士卒地成长，很快就适应了领导军事工作的新岗位，很好地配合了周恩来工作。

中共中央对杨殷同志高度认可，11月20日，中共中央政治局会议决定，杨殷任中共中央政治局委员、常委。杨殷在会上汇报了各省军事斗争概况，研究和确定了下一步的斗争部署。当时，原军事部军事委员会成员包括了中央政治局常委周恩来（兼中央组织部长）、苏兆征（兼中央工委书记）、杨殷以及中央政治局委员彭湃（中央农委书记）、关向应（团中央书记），他们由于各自在中央政治局有主管工作，因此中央军事工作尚未形成有效合力，作用发挥有待进一步增强。12月，为纪念广州起义一周年，杨殷在中央机关刊物《红旗》周刊第三期发表了《斗争中的回忆》一文，鼓励广大人民群众坚持革命斗争，打倒国民党反动派。针对中央军事部上述情况，1929年1月3日，为了进一步加强对全党军事工作的决策和有利于中央各部门工作的协调，中央政治局会议决定在中央政治局下设中央军事委员会，中央政治局常委、中央军事部部长杨殷为主任。与此前在军事部之下所设立的军事委员会不同，新成立的中央军事委员会是在中央政治局领导下负责重大军事决策，中央军事部作为其工作机关，由此形成了中央军委与中央军事部并存的新局面，其相关决策职能的发挥，在很大程度上，主要是通过中央政治局会议来实现的。会议还讨论了南洋、台湾问题，提出由李立三、杨殷、彭湃等组织特别委员会。

1929年1月，杨殷代表中共中央与广东省委常委杨石魂谈话，传达了调其到武汉重建湖北省委的决定。1月24日，杨殷出席中央政治局会议，此次会议决定改组和加强江苏省委，由中央政治局委员罗登贤任省委书记，中央政治局委员彭湃兼任省委军委书记。1月26日，杨殷出席中央政治局会议。会上，他就国民党政府召开的编遣会议发言说：蒋介石的编遣，实际是遣散一些非嫡系部队或丧失战斗力人员，从而加强嫡系部队，意在对我革命根据地进行"围剿"。我们必须通知各地，随时准备粉碎敌人的进攻。他认为国民党最近颁布的关于农民运动通告，完全背叛了孙中山"扶助农工"的政策，是镇压农民的反动措施；针对此类情形，我们必须发动农民反对这个通告，发动农民参加游击战争，以扩大革命根据地。

在极端严酷的革命斗争环境下，杨殷与周恩来等一起，研究谋划、周密部署各地开展的武装斗争和红军相关各项工作，组织派遣干部到各地开展形式多样的武装斗争，先后向徐向前、张云逸等面授中央关于开展兵运、创建根据地工作的相关决定。据徐向前回忆："我到了上海，跟交通接上了头，在指定的地点见到了杨殷，他身穿一件长袍，脚着一双布鞋，完全是一副商人打

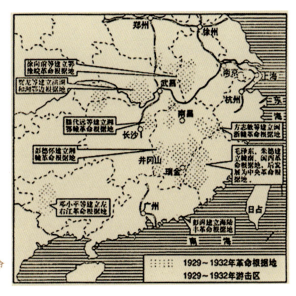

1929—1932 年农村革命根据地示意图

扮。他说鄂豫皖根据地缺干部，要我去。我到鄂豫皖根据地时，已是（1929年）5月底了。"1929年8月，杨殷向张云逸传达了中央的安排部署："胜之兄，由于国内局势突变，中央决定要你放弃去苏联学习的机会，派你到广西去组织军事斗争。"他从实践中不断总结经验教训，还亲自到山东、安徽、江苏等地开展调查研究，有力指导农村游击战争和城镇武装斗争。1929年6月，中央军事部、中央组织部先后派邓小平、张云逸、徐向前等分别到广西、鄂东北地区，致力于加强红军领导和进行根据地创建工作。邓小平、张云逸领导了百色起义和龙州起义，成立了红七军、红八军，继而创立了左、右江革命根据地。中央军事部派往

百色起义

各地红军的将领包括："朱毛红军"有罗瑞卿、刘安恭、张恨秋等；红五军有黄克诚、彭雪枫等；湘西贺龙部先后有黄警、董朗等；鄂豫皖红军有徐向前、桂步蟾等。

中共六大以后，农村根据地加快创建，武装斗争卓有成效，杨殷对此作出了较大贡献。杨殷注意了解情况，推广经验以指导红军发展，通过派巡视员视察、来人面谈、阅读报告、召集会议等多种形式，以了解各地特别是几支主力红军发展状况，如曾派贺昌以中央特派员身份在湖南安源和广东北江指导红四军的斗争。其间，杨殷对毛泽东、朱德领导红四军转战赣南、闽西和创建根据地的斗争，给予了特别的关注和支持。他多次在中央政治局会议上讨论有关红四军问题时发表意见，大力支持"朱毛红军"，宣扬推广"朱毛红军"经验，并协助周恩来同志把红四军开展游击战争的经验向其他根据地复制推广，如1929年6月指示贺龙与湘西前委"据朱毛几年战争所得的战术的经验是分兵以发动群众……这些经验很可以供你们参考"。杨殷为中国工农红军的建设发展做了大量工作，为开创以农村包围城市的革命道路作出了积极贡献。

6月26日至30日，杨殷出席在上海举行的六届二中全会。全会听取了关于政治、组织、农民、土地及士兵运动等方面的报告，会议决定继续深入土地革命，开展游击战争，扩大苏区，建立红军，加强公开工作和秘密工作等任务。为适应革命形势的发展，培养干部力量，1929年6月开始，杨殷和周恩来等还在上海主持举办中共中央军事训练班，每期约二至三个月，共抽调各地红军与从事兵运的中高级干部70余人进行学习，杨殷与周恩来、李立三等都亲自授课，培训红军急需的军事干部和政工干部，并建立了党中央同各省和各根据地的交通联络网。中央军事部还从主力红军选调优秀骨干送往苏联红军学校深造，并在香港举办军事训练班，培养上海、武汉、广东各地的兵运和工人纠察队干部。此外，杨殷把"在军阀军队中的工作"列为军事工作"目前最严重的任务"，中央军事部直接掌握发动了一些国民党军兵变，如6月29日旷继勋在四川省委军委直接领导下率领川军第七混成旅在遂宁、蓬溪边境起义，成立红军四川第一路军，辖两个师约五千人。起义军转战十余县，遭敌重兵围攻失败，但扩大了党在四川人民中的政治影响。

1929年初，杨殷认识到军事工作对整个革命斗争的重要意义，并参与和领导了中央军事部起草关于党员军事化的通告，经周恩来同志修改后印发，要求各地党组织开始实行有系统的军事政治组织和军事技术的工作。中央军事部把推行中共党员军事化作为"整个军事工作的核心"来抓，组织训练城市秘密工人武装。杨殷与彭湃议定在上海等地建立和扩大地下武装，以反击敌

上海工人纠察队

人。7月22日，为了加强对军事技术工作的指导，中共中央成立了由杨殷、周恩来及军事技术人员组成的特别委员会，以杨殷为书记。同月，杨殷主持召开中共中央军事部扩大会议，到会的有周恩来、彭湃、颜昌颐、刘伯承、聂荣臻、关向应、张际春等，杨殷与各地红军负责干部讨论研究红军的性质、发展方向、游击策略和组织机构等问题。此外，中央军事部专门成立工农武装科，负责对上海、香港、天津、武汉等地的工人训练提出具体要求，并直接抓上海党员军事化试行与组织训练工人纠察队。指定傅维钰、张际春分别任上海工人纠察队正、副总指挥，对工人纠察队进行政治、军事、组织的训练。8月1日，由中央与江苏省委组织发动了上海数千群众举行了长达四个多小时的"八一示威"运动，当成是"武装暴动与巷战的预习"。

杨殷主持中共中央军事部工作仅仅一年，在军事斗争方面务实创新、多措并举，协助周恩来在军事斗争方面做了大量的卓有成效的工作，使各地工农红军和农村革命根据地在全党工作中取得了越来越重要的地位，"以后中国工农红军的三大主力——一方面军、二方面军和四方面军，在这个时期都已初具雏形"。

杨殷除领导复杂的军事斗争外，作为情报保卫工作的重要开拓者之一，利用中山乡亲在上海的关系网，还设立了一批秘密联络点，如在上海老靶子路五洲大药店、泰安旅社等，沟通与香港等地的联系，他不顾严重的白色恐怖，常深入到工人中去，了解情况，并组织地下武装，严惩特务、叛徒、反革命分子。如今，在北京的中国国家博物馆内，展陈着一个当年杨殷用于携带手枪和情报的"有夹层"箱子，这是他从事党的情报工作的历史见证。尘封在箱子里的，是当年一个个发生在隐蔽战线上的惊心动魄的故事。自省港大罢工时就与杨殷一起从事情报工作的黄平民，于1928年8月调任中共南路特委书记，11月被补选为广东省委常委候补委员，颇有建树。当年底，杨殷准备在那里设立

上海五洲大药店

机关，便交代李少棠送一笔款给驻广州湾的机关。可李少棠到时，发现中共南路特委机关已被破坏了，打听后得知，由于叛徒出卖，黄平民等前不久被捕，尽管受尽严刑拷打、威逼利诱，仍宁死不屈，于12月23日在高州城东门外被残忍杀害。李少棠向杨殷作了汇报，杨殷悲痛不已，久久不能平复地说：平民是一位好同志。他忠心耿耿为人民的革命精神，永远值得我们学习。杨殷不禁想起黄平民从巴黎回国就全身扑在情报工作上，还写了一首诗寄给久未谋面的父亲和家人："世界为潮涌，雄心万里驰。曙光浮一线，宇宙尚昏迷。原野垂绿荫，云天树赤旗。万民欢呼日，游子省亲时。"1929年1月1日，中共广东省委发出第四十一号通告，悼念黄平民、朱也赤等南路十余位死难烈士，号召全体党员干部继承死难同志的精神，奋勇向前。

杨殷虽忙于革命工作，但仍很关心教育子女成长。他在写给长女杨爱兰的信中告诫："除读书外，各事不必沾染，打牌、闲游、看戏等，尤万不可做；用钱要省，须知留得一文钱亦可于无钱时应用。切不可为了要面子，就可多用几块钱。这是青年人最要不得的事情。穿衣尤须朴实，与人来往要谨慎。"此外，为了团结争取陈独秀，杨殷、邓颖超等为陈独秀1929年所著的《中

杨殷长女杨爱兰

国拼音文字草案》作方言核对工作，杨殷和罗绮园校核广州话，邓颖超校核其中的北京话等，希望他能重新为党工作。

英勇就义

1928 年 11 月，时任中央军事部长杨殷，在彭湃奉命到上海出任中央农委书记兼江苏省军委书记时，考虑到在军事部下属的军事委员会工作的白鑫，曾任彭湃属下一个团长，提请中央同意，派其担任江苏省军委秘书即彭湃的秘书。

白鑫，湖南常德人，黄埔军校四期生，1926 年在校加入中国共产党。毕业后参加由叶挺指挥的第四军独立团，随军北伐，次年初被提为政治教导队指导员，曾参加南昌起义，之后随起义军撤退到广东海陆丰地区，在起义军一路减员的情况下升到团长位置。在海陆丰苏维埃政权落入敌手后，白鑫偕妻到了上海，在中共军委工作。

从此，白鑫的住处沪西新闸路经远里 12 号 2 楼成了党的一个重要联络点。但是，随着全国革命进入低潮，白鑫被白色恐怖吓破了胆，对革命前途丧失信心，不顾大局，决定叛变革命。他通过胞弟白深云找人向蒋介石报告情况后，蒋介石即派陈立夫负责处理，陈立夫派国民党上海市党部委员范争波与白鑫单线联系，范争波用一辆小车、五万大洋等诱使白鑫彻底叛变。白鑫献

上海新闻路12号，杨殷、彭湃被捕处

出待开会一网打尽的毒计，一场由叛徒精心设计的黑暗阴谋，逮捕中共领导人的秘密行动由此实施。

8月24日上午，白鑫接到彭湃的指示：下午3时在白鑫家召开军事委员会会议。白鑫估计周恩来、杨殷、彭湃会出席会议，急忙做好会前准备后，以胃病发作为借口，外出向范争波告密。当天下午4时，杨殷、彭湃和张际春、中央军事部委员兼江苏军委委员颜昌颐、江苏省士兵运动负责人邢士贞等到会，周恩来因有其他事未能参加会议。会议主题是研究彭湃调回党中央工作，要移交江苏省委军委工作，以及今后如何开展革命斗争等问题。谁料刚开始没多久，负责在里弄口放哨的林火同志突然跑了上来，报告称有五辆红皮钢甲囚车闯进了经远里，大家跑到窗户一看，大事不妙，一大群法国租界巡捕和国民党特务早已把小楼围得水泄不通，所有通道全被封锁，众人想要撤退，此刻为时已晚。没过多久，一帮国民党特务就冲进了屋里，参加会议的五位中共负责人同志全部被捕，就连白鑫和夫人也被一起带走。

杨殷、彭湃等五人被秘密关押于新闸捕房，被捕后，杨殷以共产党人的凛然正气同敌人斗争，痛斥国民党反动派的反革命罪行，宣传我党的政治主张。审问官对杨殷说："你是老同盟会员，曾跟国父推翻清朝，又刺杀刺宋真凶郑汝成于后，义薄云天，名震天下，是一个对国家有贡献的人。只要你现在回心转意，重归国民党队伍，蒋先生是不会亏待你的，可以安排一个高级官职给你，让你享尽荣华富贵。"此番话不竟激起杨殷一阵冷笑："你们背叛中山先生三民主义于前，屠杀工农群众于后，是一群祸国殃民、双手沾满革命群众献血的败类！我铮铮铁骨，岂肯与败类为伍？要我投降，万万不能！"审问官威胁道："如果你不归顺，就只有死路一条，何去何从，任你选择。"杨殷挺直腰板，毫不迟疑地回答："收起你们那一套吧，我是绝对不会投降的。我只信仰共产主义！严冬过后是春天。我坚信中国革命事业一定会胜利！"

国民党淞沪警备司
令部军法处看守所
大门

　　周恩来闻讯后，深感意外和难过，当即着手布置营救行动，并于当晚第一时间组织召开了中央特科紧急会议，一方面研究部署营救杨殷、彭湃等同志的计划；另一方面要彻底弄清这起事件的真相，否则整个上海地下党组织都将面临巨大的危险。事关重大，为了尽快查明事情原委，在周恩来的批示下，中央特科情报科科长陈赓决定动用"两面人"，即长期潜伏在隐蔽战线的我方所用的敌方人员。这类情报人员由于已在敌方隐藏多年，而且身居高位，只有经周恩来亲自同意，才能正式启用。国民党中央组织部调查科驻上海特派员杨登瀛，当时是中统特务在上海的最高负责人，此人头脑

羁押杨殷、彭湃的龙华看守所

龙华监狱大门

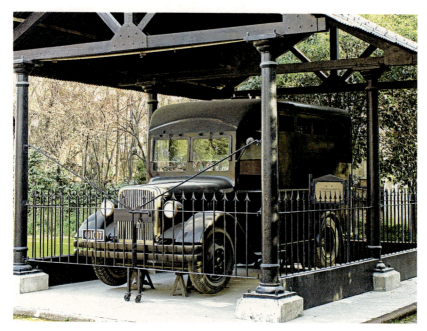

押送革命志士的囚车

活络，交际广泛，虽然是国民党人士，却为中共提供了大量重要情报，营救了多位中共重要人物，中共许多人员安插进中统机关潜伏，都离不开他的帮助。很快，杨登瀛就给陈赓传来两条重要消息，一条是这起事件是中共内部叛徒所为，正是中央军委秘书白鑫，虽然也一起被抓走，不过是掩人耳目，当晚白鑫夫妇就从狱中释放。另一条是敌人将于8月28日前，将杨殷等人转移前往龙华警备司令部囚禁。

周恩来当即命令中央特科所有人连夜出动，到囚车必经的枫林桥进行埋伏，准备武装劫车。

中央特科全称为中国共产党中央特别行动科，于1927年11月在上海成立，是党内的政治保卫机构。接到营救任务后，中央特科人员有的化装成小商贩，有的扮作过路人，其他人都扮成拍电影的外景摄影队，用一辆大卡车装上摄影机、三脚架等，关键时刻用大卡车挡住囚车，再下手营救。当时上海搜查异常严格，参与的中共特科行动成员不随身携带武器，由专人统一运送，这次行动负责武器运送任务的是范梦菊。当时他的伪装身份是"三民照相馆"的老板，接到任务后，立即开始四处联络卖家。1929年8月28日，范梦菊骑着脚踏车，载着两只大皮箱，赶到了枫林桥附近，与埋伏在这里的特科行动人员接上了头，但是大家打开箱子一看，全都傻眼了，手枪全部都涂有防止生锈的黄油，根本无法立即击发。由于时间仓促，范梦菊通过熟人购买后，也没仔细检查，只能一边自责，一边和大家一起找个隐蔽的地方进行清洗，前前后后耗费了近两个小时，当一切备妥后，重新把枪支送给其他行动人员时，押解杨殷、彭湃等同志的车队早已开走了，错失了营救的时机。

据悉，由于当晚发生了蒋介石被刺事件，一切嫌疑犯由卫兵统一押至司令部。因此，杨殷等在押中未经一审，只是被严密地看管在司令部看守所中。在这三天中（28日—30日），杨殷等抱着钢铁般意志，坚持斗争，誓不降敌，不放弃一刻为党工作的机会，不断地向难友和看守士兵宣传革命，揭露帝国主义和反动派的丑恶行径，谈至痛切处，许多群众和士兵为之感动。杨殷等还常常高唱国际歌，鼓舞狱中同志的斗志。

在极其恶劣的环境下，杨殷和彭湃商议后，联名写了一封信给党中央，汇报狱中斗争的情况，并提出了首先营救同志的意见，要尽量设法做到使被捕的五人都免于死刑，如果这一条不能做到，则只好牺牲无法挽救的杨殷、彭湃二人，而设法营救出其余三人。信短情长，道不尽无产阶级革命者舍己为党、无私奉献、不怕牺牲的崇高品质。

在营救无望即将就义前夕，杨殷、彭湃还联名写了第二封信给党中央。希望党内重要负责同志要为党惜身，希望对于党内犯错误的同志，要多从教育上做功夫，以教育全党。最后，劝同志们不要因他们的牺牲而伤心，希望大家保重身体。"我们未死的那一秒钟以前，我们努力的在这里作党的工作，向士兵宣传、向警士宣传，向狱内群众宣传。"短短数语，彰显了共产党人坚定不移，视死如归，毫不利己，专门利人，一心为党、为革命的崇高共产主义精神。后来，为了保证中共中央的安全，周恩来在9月10日的政治局会议上即"提出改变目前中央政治局的工作方式，建议每周开会一次，变更开会时间"，"开会时政治局委员不必全到，常委五人也要有一人保留在外"。

8月30日，蒋介石亲自下令秘密枪杀彭湃、杨殷、颜昌颐、邢士贞四位同志（张际春由于其黄埔一期生的身份被其同学——时任国民党中央组织部秘书曾扩情保释，成为唯一幸存者）。临刑前，杨殷从容镇定、慷慨自若，笑着对狱中难友说："朝闻道，夕死可矣！"慷慨地向士兵及在狱群众说了最后赠言，视死如归的豪言，闻听者无不为之动容，甚至连看守员也为之掩

杨殷、彭湃在狱中写给中共中央的信

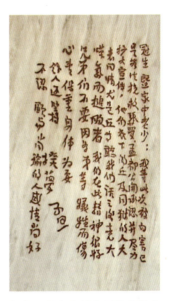

杨殷、彭湃在狱中写给中共中央的第二封信

杨殷烈士在龙华烈士陵园的墓碑

杨殷烈士证书

面。他大声唱着国际歌，高呼口号，迈着坚毅的步伐，与战友们同赴刑场，英勇就义于上海龙华。

杨殷牺牲时，年仅 37 岁。救国救民，毁家纾难，舍己为党，投身于民族独立和人民解放，他用鲜血书写了中国共产党人的初心。理想信念之光，历久弥新。

杨殷等四烈士牺牲后，周恩来万分悲痛，要求大家继承烈士遗志，坚持革命，并提出要用革命的手段镇压反革命，决定惩处叛徒白鑫，为烈士报仇，为党除奸。不久，周恩来指挥中央特科将叛徒白鑫和国民党特务数人击毙。

杨殷等四烈士的牺牲是中国革命、中国共产党的一大损失。8 月 31 日，杨殷等四烈士牺牲的第二天，中国共产党中央委员会即发表《中国共产党反对国民党屠杀工农领袖宣言》(9 月 2 日刊登于《红旗》第 43 期)，指出"杨殷同志是中国历史上最有名的广东省港大罢工的领导者，是广东铁路工人的领袖，是中国共产党中央委员"，"彭杨诸领袖革命精神不死！"并号召广大群众"反抗帝国主义国民党这一屠杀！""纪念着彭杨诸领袖之血的教训！"

9 月 2 日，中共中央机关报《红旗》刊登由周恩来起草，以中共中央名义发表的《以群众的革命斗争回答反革命的屠杀》。周恩来后又连续撰文《彭杨颜邢四同志被敌人捕杀经过》《纪念着血泪中我们的领袖》等，叙述了杨殷等被捕、狱中斗争直至牺牲的经过以及他们的英勇事迹。他沉痛地认为"彭、杨、颜、邢四烈士的牺牲是中国革命、中国党之很大的损失！革命的领袖是积了无数次的斗争与战绩，从广大的群众中涌现而锻炼出来的"。"烈士的革命精神不死！我们的奋斗不绝！"字里行间表达了周恩来痛失战友的悲痛心情。

9月5日，中共中央发出《中央通告第四十七号——号召广大群众起来反抗国民党屠杀革命领袖彭湃、杨殷同志等》。9月9日、16日、20日，中共江苏、广东、江西省委先后发出通告，悼念杨殷等四烈士。9月29日，上海各界举行追悼彭湃、杨殷、颜昌颐、邢士贞四烈士大会。大会印发了《为追悼被国民党惨杀的彭杨颜邢四革命领袖告上海民众》。10月12日，《红旗》第48期刊登了《如何来纪念我们的同志彭杨颜邢四烈士》一文。

1930年8月30日，在杨殷等四烈士遇难一周年纪念日，中共中央机关报《红旗日报》第16期的"提要"中，用醒目的大字写着："今日是彭湃、杨殷、颜昌颐、邢士贞四同志被难的周年！"并刊登《彭湃杨殷两同志事略》及多篇纪念杨殷等烈士的文章。发表社论《彭杨颜邢四同志被屠杀的一周年》，其中说："杨殷同志是发动震惊全世界的省港大罢工的领袖，广州暴动的领导

彭湃　　　　　　　颜昌颐　　　　　　　邢士贞

者之一。彭湃同志和杨殷同志都是中国共产党中央政治局的委员，创始中国红军的指导者。"

　　杨殷等烈士牺牲后，红军建立了彭杨军政学校，以传承烈士的革命精神，培养党和红军的干部。中央苏区专门设了杨殷县，以表达对烈士的纪念。杨殷等烈士舍生忘死的大无畏精神激励着历代革命者披荆斩棘、勇往直前。

　　杨殷为共和国的成立献出了宝贵的生命，历史不会忘记，人民永远铭记。为缅怀英烈功绩，激励后人前行，杨殷故居于1989年6月29日成为广东省第三批重点文物保护单位，2007年成为中共广东省委组织部中共党员教育基地，2011年成为中共广东省党史教育基地。2005年6月7日，新华社发表《永远的丰碑》专稿，对杨殷的评价是"至死仍坚持真理的革命者"。2008年7

龙华革命烈士纪念地龙华
墙上的烈士英名

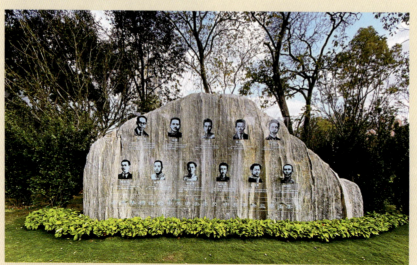

在龙华牺牲的中共中央委员、中共中央监察委委员展示区

月 1 日，杨殷等 11 位"广州起义暨广州苏维埃政府领导人"大型雕像在广州起义烈士陵园英雄广场落成，杨殷的雕像由其表亲、著名雕塑家潘鹤所创作。2012 年 8 月 13 日，中共中央党史研究室在人民日报上发表《纪念党的早期领导人杨殷同志》一文，指出"杨殷同志是中国共产党早期重要领导人之一……党的早期军事工作的重要领导者和情报保卫工作的重要开拓者之一"。2017 年 9 月 30 日起，龙华烈士纪念馆全新陈列《英雄壮歌》上海英烈纪念展，陈列展示的革命先烈共有杨殷烈士等 257 位。2018 年 2 月 12 日，《用生命捍卫信仰——杨殷烈士纪念展览》在上海市龙华烈士纪念馆展出。2020 年 9 月，龙华革命烈士纪念地新建的"龙华墙"雕刻了杨殷等 77 位在就义地牺牲的烈士英名。

连天烽火谱赞歌，英雄忠魂永长存。

从追随孙中山开展革命，到领导起义，再到一心为党，至死不渝。短短 37 年，是杨殷用生命捍卫信仰、光辉战斗的一生，他为中华民族的独立和中国人民的解放建立了卓越功勋。2009 年 9 月 14 日，杨殷被评为"100 位为新中国成立作出突出贡献的英雄模范人物"。

不忘初心，方得始终，从苦难走向辉煌，我们从历史中汲取力量，杨殷追求真理的一生，无私奉献给了党和人民，是为实现共产主义理想光辉战斗的一生。他的丰功伟绩和崇高风范永载中国人民革命斗争的史册，永远铭刻在历史的丰碑上，永远为党和人民所铭记，他坚定的革命精神和崇高的品德风范，激励着无数中华儿女传承红色基因、赓续精神血脉、凝聚奋进力量，以永不懈怠的精神状态和一往无前的奋斗姿态干事创业，继续朝着实现中华民族伟大复兴的宏伟目标奋勇前进。

杨殷大事年表 ①

1892 年

夏　出生于广东省香山县（今中山市）翠亨村一个富裕家庭。

1895 年

杨家遭遇盗匪袭击，母亲谭氏抱着杨殷从后门逃离脱险。

1899 年

入翠亨村私塾读书，并跟随拳师学习武术。

1903 年

父亲杨汉川病逝。

1904 年

到香山县城丰山县立中学堂念初中。

1907 年

到香港英文书院就读。

1909 年

祖父杨启文逝世。

---

① 关于杨殷生平事迹的记载多有不同版本，笔者经过比较鉴别，尽量选取权威资料，若有疏漏之处，敬请读者批评指正。

1910 年

奉母命，迎娶李庆梅过门。婚后返回香港英文书院读书，因无法忍受外国人对中国人的歧视，转学至广州圣心书院。假期里，帮助堂叔杨鹤龄和孙中山的大哥孙眉传递情报、运送武器等。

1911 年

由孙眉介绍，加入中国同盟会。由此，离开学校，投身革命运动。

1912 年

1月1日　中华民国成立，孙中山在南京就任中华民国临时大总统。杨殷参加中国同盟会南方总支部的有关庆祝活动。

4月　参加孙中山返粤省亲活动。

8月　由同盟会会员转为中国国民党党员。

1913 年

参加孙中山、黄兴发动的"二次革命"。

1914 年

在上海刺杀袁世凯心腹、"宋教仁被刺案"的帮凶郑汝成，将郑炸伤。

7月　加入中华革命党，继续追随孙中山进行反袁斗争。

1917 年

任中华民国护法军政府大元帅府参军处副官兼孙中山侍卫队

副官。

1918 年

孙中山受军阀胁迫辞去大总统一职，在护送孙中山、宋庆龄离粤赴沪后，离开参军处，但仍与孙中山保持联系。

1919 年

经妻舅介绍，任广州西关盐务稽查处高级职员。

1921 年

与中国共产党党员、老乡杨匏安及其叔父杨章甫来往密切。

妻李庆梅病逝。

1922 年

加入中国共产党，后辞去盐务稽核处职务，专心从事党的工作。年底赴苏俄参观学习。

1923 年

年初从莫斯科回国后，在粤汉铁路、石井兵工厂从事工人运动。

协助张太雷、杨匏安、杨章甫等筹备党的三大，主要负责大会的后勤和保卫工作，为解决党组织经费困难问题，将亡妻留下的首饰变卖折现，交给党组织作为活动经费。

10 月　当选为中国国民党广州市第四区分部执行委员会委员兼秘书，后参与国民党改组试点。

1924 年

参与平定广东商团叛乱。同年，担任中共广东区委监察委员会委员、区委委员，并继续在粤、港、澳各地组织工人运动。

1925 年

1 月　赴上海出席中国共产党第四届全国代表大会。

3 月　任全国铁路总工会广州办事处顾问。

6 月　领导铁路工人参与平定滇军总司令杨希闵、桂军总司令刘震寰叛乱。后赶赴香港，参与领导省港大罢工，主要负责联络和保卫工作，被党中央称为"是中国历史上最有名的广东省港大罢工的领导者"。

8 月　作为广州市公安局顾问，负责侦破廖仲恺被刺案，同时利用职务之便，安插中共党员进入广州市相关部门，开拓党的情报工作。

1926 年

1 月　受党组织委派，负责中国国民党第二次全国代表大会的保卫任务，会议前，亲率特别保卫大队，日夜值班巡逻，保卫了出席大会的国民党左派人士和共产党代表的安全。

4 月　任广三铁路总工会顾问。

1927 年

4 月　蒋介石在上海发动四一二反革命政变后，参加广东区委紧急会议，负责区委领导工作，坚持斗争。

八七会议后，参与组成中共中央南方局。10月至11月任中共中央南方局委员、军事委员会委员，11月担任中共广东省委委员、工委书记。

12月　参与领导广州起义，广州苏维埃政府成立后，任人民肃反委员，张太雷牺牲后，被任命为广州苏维埃政府代主席，广州起义失败后，前往海陆丰坚持武装斗争。

1928年

1月　由于广州起义失败，受到"担任肃清反革命委员会，完全未执行职务"的批评和"调到下层工作，并决定开除省委委员"的处分。对此，杨殷不为个人申辩，不计较个人得失，积极处理起义善后事宜。并于当月，迎娶潘佩贞为继室。

2月　中共中央纠正惩办主义错误，撤销了对包括杨殷在内的广州起义领导人的处分。

4月　当选为中共广东省委委员，同时当选为出席中共六大的正式代表。奉命赴上海向党中央汇报广东工作。

5月　与黄平等前往莫斯科参加中共六大。

6月　作为正式代表出席在莫斯科召开的中共六大，是大会主席团成员、代表资格审查委员会委员。

7月至11月　当选为中共中央政治局候补委员、中共中央政治局常务委员会候补委员，任中共中央军事部部长。

8 月 从苏联返回上海，9 月起在党中央机关主持军事工作。

11 月 增补为中共中央政治局委员、中共中央政治局常务委员会委员。

1929 年

1 月 任中国共产党中央军事委员会主任。和罗登贤、彭湃在江苏、上海等地组织城乡革命武装。

5 月至 7 月 到安徽、河南等地指导革命斗争，后回上海参与指导全国各地军事斗争。

8 月 24 日 因叛徒白鑫告密，在上海被捕。在狱中和法庭上英勇不屈，坚持斗争，并向党中央写信提出斗争策略。8 月 30 日被秘密杀害于上海龙华。

参考文献

1. 郭昉凌：《杨殷传》，广东人民出版社 2012 年版。

2. 张品成：《趋光者——革命烈士杨殷新传》，广东人民出版社 2018 年版。

3. 尚明轩：《孙中山传》，北京出版社 1981 年版。

4. 《孙中山与香山——孙中山研究文集》第 3 辑，中山市孙中山研究会 2001 年编印。

5. 于元编：《100 位为新中国成立做出突出贡献的英雄模范人物——杨殷》，吉林文史出版社 2011 年版。

6. 杨凤城主编：《党的儿女》英烈卷，北京工业大学出版社 2016 年版。

7. 中共中央党史研究室第一研究部编：《中国共产党第一至六次全国代表大会代表名录》，上海人民出版社 2007 年版。

8. 高金虎：《中西情报史》，江苏人民出版社 2017 年版。

9. 刘继增、张葆华主编：《中国国民党名人录》，湖北人民出版社 1991 年版。

10. 章君穀：《革命先烈传记——陆皓东》，金兰出版社 1985

年版。

11. 中华英烈事迹读本编写组：《中华英烈事迹读本》第 1 卷，新华出版社 2019 年版。

12. 曾旅湘：《伟大的尝试——广州起义》，广东经济出版社 2018 年版。

13. 张黎明主编：《我的父辈——中国共产党著名烈士后代深情回忆》英烈篇，上海人民出版社 2011 年版。

14. 陈俊凤主编：《纪念广州起义 80 周年学术研讨会论文集》，广州出版社 2008 年版。

15. 中共党史人物研究会编：《党史人物传》第 19 卷，中国人民大学出版社 2017 年版。

16. 叶健君：《新中国成立前牺牲的中共高层领导人》，东方出版社 2015 年版。

17. 向青：《共产国际和中国革命关系史稿》，北京大学出版社 1988 年版。

18. 张宪文主编：《中华民国史纲》，河南人民出版社 1985 年版。

19. 中共广东省委党史研究室：《中国共产党广东地方史》第 1 卷，广东人民出版社 1999 年版。

20. 惠州市社会科学界联合会编：《廖仲恺传》，光明日报出版社 2016 年版。

21. 戴逸主编：《中国近代史通鉴 1849—1949·五四运动与国民革命》，红旗出版社 1997 年版。

22. 中共广东省委党史研究室编：《广东党史资料》第 44 辑，广东人民出版社 2007 年版。

23. 王远明主编：《风起伶仃洋：香山人物志》，广东人民出版社 2006 年版。

24. 广东革命历史博物馆：《中共"三大"资料》，广东人民出版社 1985 年版。

25. 王科：《宋教仁传》，北京时代华文书局 2016 年版。

26. 广州市地方志编纂委员会编：《广州市志》卷 13·军事志，广州出版社 1995 年版。

27. 陈旭麓：《五四后三十年》，上海人民出版社 2019 年版。

28. 郭德宏编：《彭湃年谱》，中共中央党校出版社 2007 年版。

29. 中共中央党史研究室：《中国共产党历史》第一卷（上），中共党史出版社 2011 年版。

30. 李蓉：《中共六大轶事》，人民出版社 2010 年版。

31. 金冲及主编：《周恩来传》，中央文献出版社 1998 年版。

32. 《周恩来选集》上卷，人民出版社 1980 年版。

33. 中共广东省委党史研究室等编:《翠亨红棉》,天马图书有限公司 2002 年版。

34. 叶左能编:《彭湃研究史料》,中共中央党校出版社 2007 年版。

35. 王健英:《红军统帅部考实》,广东人民出版社 2000 年版。

36. 刘晶芳编:《异国聚会:中国共产党第六次全国代表大会》,万卷出版公司 2008 年版。

37. 中共广东省委党史研究委员会办公室等编:《南粤英烈传》,广东人民出版社 1983 年版。

38. 中央档案馆编:《中国共产党第二次至第六次全国代表大会文件汇编》,人民出版社 1981 年版。

39. 中共中央文献研究室编:《周恩来年谱》,中共中央文献出版社 1998 年版。

40. 王佩军、刘世炎、谢长贵:《关于杨殷中共四大代表身份的考证》,《上海党史与党建》2019 年第 7 期。

41. 中共中央党史研究室:《纪念党的早期领导人杨殷同志》,《人民日报》2012 年 8 月 13 日。

42. 曾庆榴:《杨殷从事隐蔽工作的若干情况》,《红广角》2012 年第 10 期。

43. 李淼祥:《杨殷与广州起义》,《广东党史》2002 年第 5 期。

44. 苏爱荣:《大革命前后杨殷在广东的主要活动及贡献》,《广东党史》2004 年第 2 期。

45. 李蓉:《杨殷对中共六大的贡献》,《上海党史与党建》2018 年第 2 期。

46. 韩洪泉:《周恩来与中央军委在上海》,《军事历史》2020 年第 4 期。

后 记

　　人的一生都是在选择中度过，不同的选择，造就了不同的命运。

　　对杨殷来说，在军阀统治的黑暗时刻，他选择参加孙中山创办的同盟会，投身革命；在资产阶级领导的旧民主主义革命陷入绝境时，他毅然选择加入成立刚满一年的中国共产党；在国共合作破裂后的白色恐怖下，他选择继续为了推翻专制独裁统治、建立一个崭新的国家而不懈努力；在人生的最后关头，在宝贵生命与革命事业中，他义无反顾地选择了为理想牺牲生命。

　　这就是他为自己的人生做出的选择！

　　然而，年轻生命的逝去，总是让人扼腕叹息，无数人会追问：如果当时他做了其他选择，人生命运又将如何？是啊，对杨殷来说，留给他的选择原本有很多：他可以不理会国内的纷纷扰扰，移居国外做寓公；可以不问政治，就在广州做一个精明的小商人；也可以选择不加入中国共产党，而是凭借革命的功绩和与孙中山的亲密关系，稳坐国民党内"大佬"地位……如果重新选择，他的人生也必将是另一番灿烂景象。

但是人生没有如果，历史也不会重来，选择更无法更改。在国家遭受灾难的危急时刻，杨殷放弃了个人利益，选择为国家为民族而战，用实际行动诠释了共产党员对党忠诚、不怕牺牲的优秀品格，用生命践行了共产党员"随时准备为党和人民牺牲一切"的初心和誓言，他的牺牲，重于泰山！他的选择，值得！

时光流转百年，今天的中国，社会稳定，人民安居乐业，此时此刻，我们足以告慰先烈：这盛世，如你所愿！

一个有希望的民族不能没有英雄，英雄是民族最闪亮的坐标，每一个向死而行的生命背后，都有着应被永远铭记的英勇事迹，他们"舍小我而取大义"的精忠报国情怀更应值得被永远传颂和学习。缅怀，是为了致敬，也是为了更好地前行。站在"两个一百年"的历史交汇点，让时代的英雄精神永远铭刻在每一位中国人的心中，用信仰的力量推动中国的发展。

由于作者水平及史料的有限性，本书难免存在不足，敬请广大读者批评指正！

作者

图书在版编目(CIP)数据

杨殷画传/中共上海市委党史研究室,龙华烈士纪
念馆编;左大鹏,柏婷著. —上海:上海人民出版社,
2021
ISBN 978 - 7 - 208 - 17220 - 3

Ⅰ.①杨…　Ⅱ.①中…　②龙…　③左…　④柏…　Ⅲ.
①杨殷(1892 - 1929)-传记-画册　Ⅳ.①K827＝6

中国版本图书馆 CIP 数据核字(2021)第 132990 号

责任编辑　郭敬文
封面设计　周伟伟

杨殷画传
中共上海市委党史研究室
龙 华 烈 士 纪 念 馆　编
左大鹏　柏　婷　著

出　　版　上海人民出版社
　　　　　(200001　上海福建中路 193 号)
发　　行　上海人民出版社发行中心
印　　刷　上海中华印刷有限公司
开　　本　720×1000　1/16
印　　张　12
字　　数　101,000
版　　次　2021 年 7 月第 1 版
印　　次　2021 年 7 月第 1 次印刷
ISBN 978 - 7 - 208 - 17220 - 3/K·3108
定　　价　58.00 元